*Iniciação de Muzenza
nos
Cultos Bantos*

ORNATO J. SILVA

INICIAÇÃO DE MUZENZA NOS CULTOS BANTOS

PALLAS

Rio de Janeiro
1998

Copyright © 1998,
by Ornato J. Silva

Editor:
Cristina Fernandes Warth

Coordenação Editorial:
Heloisa Brown

Copydesk:
Gisele Barreto Sampaio

Revisão Tipográfica:
Ieda Raro Schmidt

Wendell S. Setúbal

Revisão do banto:
Nei Lopes

Editoração Eletrônica:
Union Task

Capa:
Leonardo R. Carvalho

Ilustração de Capa:

Casinha dos erês – 1,84m x 1,20m x 0,28m, 1996.

Detalhe da obra acima de autoria de Ronaldo Rego. Propriedade da Association Euro-Africaine pour la Promotion des Cultures Traditionelles – Paris – *Memoires Vauddues* – 1996.

CIP-BRASIL. CATALOGAÇÃO-NA-FONTE.
SINDICATO NACIONAL DOS EDITORES DE LIVROS, RJ.

S581i   Silva, Ornato José da.
         Iniciação de Muzenza nos cultos bantos / Ornato José da Silva. – Rio de Janeiro: Pallas, 1998.
         Inclui bibliografia
         ISBN 85-347-0128-8
         1. Candomblé – ritos e cerimônias – ficção. 2. Cultos afro-brasileiros – ficção. I.Título.

97-0816   CDD – 869.93
                                 CDU – 869.0(81)-3

Pallas Editora e Distribuidora Ltda.
Rua Frederico de Albuquerque, 44 – Higienópolis
CEP 21050-840 – Rio de Janeiro – RJ
Tel.: (021) 270-0186 Fax: (021) 590-6996
Homepage: http://www.editoras.com/pallas/afrobrasil
E-mail: pallas@ax.apc.org

Sumário

Nota do Editor 7
Apresentação 9
Capítulo 1:
    Adoção do Menino 15
Capítulo 2:
    A Doença 22
Capítulo 3:
    Engabelo para o Bacuro de Umbanda 29
Capítulo 4:
    A Colheita das Insabas 32
Capítulo 5:
    Assentamento de Bacuro de Umbanda 40
Capítulo 6:
    O Povo Banto 46
Capítulo 7:
    Tumba Calunga: o Princípio e o Fim da Vida ... 54
Capítulo 8:
    O Decá e seus titulares: Tata Opongô e a Ginja . 61
Apêndices
    Memorial do Povo de Angola 69
    Fortalezas de Resistência Cultural 74
Glossário 76
Bibliografia 117

Nota do Editor

Este livro contempla uma tentativa de normatização da escrita dos termos de origem banta (*bantu*), correntes nas comunidades-terreiro dessa origem, com vistas à sua completa absorção pelo léxico geral da língua brasileira. Assim, em vez de seguir algumas práticas consagradas, como o uso de *k*, *w* e *u*, adotamos as regras estabelecidas pelo Acordo Ortográfico da Língua Portuguesa de 1943, bem como daquelas propostas por Antenor Nascentes, com relação a palavras de origem africana, na introdução ao "Índice dos Topônimos da Carta do Brasil ao Milionésimo", tais como: substituir o *k* por *qu*; grafar com *x*, e não com *ch*, o som chiante; com *j*, em vez de *g*, o fonema *gê*; com *c* e *ç* o fonema *cê*, em substituição a *ss* etc.

Tais regras — que, evidentemente, não aplicamos às palavras e expressões não-correntes no Brasil, como alguns idiomas Quioco (*Chokwe*) listados pelo autor — são as adotadas tanto no prestigioso *Dicionário Aurélio*, quanto no pioneiro *Dicionário Banto do Brasil*, de Nei Lopes, publicado pela Prefeitura da Cidade do Rio de Janeiro em fins de 1996, quando, lamentavelmente, o autor deste "Muzenza" já não mais se encontrava entre nós.

A sistematização tentada é, então, uma homenagem desta Editora aos brasileiros de origem de confissão bantas, como o saudoso Prof. Ornato J. da Silva, e um esforço no sentido de ver reconhecida como realmente brasileira a sua inestimável contribuição à língua falada em nosso país.

Preferimos adotar a grafia *muzenza* em detrimento a *munzenza*, respaldados nas grafias adotadas por Nei Lopes em seu *Dicionário banto no Brasil*. Rio de Janeiro: Prefeitura do Estado do Rio de Janeiro, S.a. e por Olga Gudolle Cacciatore, em seu *Dicionário de Cultos afro-brasileiro*, 3ª ed. rev., Rio de Janeiro: Forense-Universitária, 1988.

Apresentação

Durante o período de exploração da mão-de-obra escrava no Brasil, o desenvolvimento de núcleos da reorganização das religiões africanas encontrou forte resistência por parte da sociedade branca dominante. Sendo uma forma importante de conscientização e organização dos escravos, o culto público dessas religiões foi combatido no campo ideológico pelas armas do preconceito do colonizador contra o "primitivismo" e a "ignorância" do colonizado; e, no campo social, pela repressão policial, sob a desculpa de que esse culto seria um pretexto para a bebedeira, a desordem e a promiscuidade.

Mesmo após a extinção da escravidão, os setores dominantes da sociedade continuaram a ver dessa forma as manifestações da cultura dos negros — agora cidadãos livres, mas ainda pobres, iletrados, sem profissão definida e, portanto, marginalizados, em uma sociedade que entrava no século XX perseguindo o sonho da modernização.

Entretanto, já desde essa época, pesquisadores dedicavam-se a traçar o retrato da herança africana no Brasil. Graças ao trabalho de autores como Nina Rodrigues, Manuel Querino, Artur Ramos e Roger Bastide, as religiões afro-brasileiras deixaram de ser consideradas como "fetichismo de povos primitivos" e receberam o respeito merecido. No entanto, esses estudos concentram-se muito mais no Candomblé dos Nagôs (Iorubás) da Bahia do que nas religiões de outros povos.

Mesmo em autores sérios e cuidadosos, encontramos a idéia de que as religiões dos povos Bantos (das regiões de Angola e do Congo) não se reorganizaram no Brasil com a mesma firmeza mostrada pela dos Iorubás, porque os povos Bantos eram mais "primitivos"; logo, sua religião seria mais simples, consistindo apenas em uma espécie de "feitiçaria animista". Por isso, as "vagas crenças" dos povos Bantos teriam-se diluído no meio das crenças ameríndias e católicas, deixando algumas referências africanas em religiões sincréticas com traços dominantes europeus.

Hoje, é sabido que essa opinião é injusta. Os Iorubás mantiveram sua coesão e identidade na escravidão porque ficaram concentrados numa área relativamente restrita a áreas urbanas. Os Bantos, por terem sido trazidos para o Brasil desde os primeiros tempos da escravidão e dispersados por todas as regiões onde havia algum tipo de trabalho rural, realizaram um intenso intercâmbio com os índios também utilizados no trabalho escravo, com tribos independentes e com europeus degredados ou emigrados que se dedicavam à mineração, ao pastoreio e ao comércio pelo interior do país. Dessa forma, a cultura banto não se limitou a ficar segregada em núcleos de atividade religiosa com feições próprias, mas combinou-se com as culturas desses outros povos, dando uma grande contribuição para a formação da linguagem brasileira e dos hábitos cotidianos — alimentação, utensílios, técnicas, crenças, práticas médicas e mágicas.

Paradoxalmente, ao mesmo tempo em que a cultura dos povos Bantos impregnava toda a cultura brasileira, tornava-se cada vez mais difícil percebê-la em sua identidade própria. Nas regiões em que o Candomblé de origem Banto sobreviveu, a grande repressão fez com que o culto se escondesse, tornando-se mais visíveis as variantes em que os traços africanos foram disfarçados sob roupagens do esoterismo europeu. Assim, esta religião passou quase despercebida aos estudiosos do Candomblé, ficando as atenções mais voltadas para o Candomblé nagô.

Hoje em dia, existem muitas obras sobre Candomblé e Umbanda. Entretanto, nessa farta bibliografia, encontra-se relativamente pouca coisa a respeito do Candomblé de Angola. Ornato José da Silva veio, com a presente obra, dar uma importante contribuição para o preenchimento dessa lacuna na divulgação das religiões afro-brasileiras. Entretanto, ele não escreve um tratado ou um manual descritivo e professoral. Sabendo que o modo como uma informação é apresentada é crucial para seu entendimento, o autor escolhe cativar seus leitores pelo coração e pela curiosidade, em vez de prendê-los por demonstrações de erudição. Assim, introduz o leitor no mundo do ritual Angola por meio de uma novela ambientada no Rio de Janeiro do século XX, na qual personagens fictícios descobrem os mistérios da religião dos Bantos. Entretanto, mesmo fictícia, essa história tem toda credibilidade, pois as informações sobre o culto dos Inquices, sabiamente dosadas ao longo da aventura, são estritamente verdadeiras, e também porque os personagens, mais do que figuras de novela, são quase imagens arquetípicas: Benta são todas as mulheres negras, pobres e solitárias, que lutam para viver com dignidade; Antônio são todas as crianças abandonadas e entregues a orfanatos que, raras vezes, têm a sorte de encontrar alguém disposto a lhes dar amor e proteção; dona Quita são todas as curandeiras, bruxas e rezadeiras que auxiliam parentes e amigos com seus dons de cura, se desdobram para viver como a sociedade exige e cumprir suas obrigações religiosas, e ainda enfrentam todos os preconceitos contra a figura da "feiticeira"; *Tata* Honório são todos os sacerdotes de todas as religiões, o velho sábio e compreensivo, o que apóia e dá conselhos a seus seguidores.

Quem souber ler esta história, aparentemente tão singela, poderá não só aprender muitas coisas interessantes sobre um aspecto pouco divulgado de nosso universo religioso, como refletir sobre suas próprias reações diante de temas como solidariedade, ecumenismo, preconceito e cidadania.

Cantigas

Era um velho muito velho
morava numa casa de palha
Na sua aldeia ele tinha Velame e Sanza
Sanza e Velame no Mulanguê

* * *

Quem vê um velho no
Caminho peça abença (bis)
Meu velho Omolu
Atotô Obaluaiê

1

• • •

Adoção do Menino

— Vá chamar a Benta na enfermaria de indigentes — falou uma voz rouca e amena.
— Sim senhora, irmã Carmelita — respondeu a serviçal.

Nem se passaram dez minutos e já estava lá, diante da freira, toda perfilada e com roupas alvas e bem engomadas, a nossa querida Benta. Preta, não tinha a cor muito retinta como os negros abissínios, de estatura baixa, rechonchuda e de bunda pontuda, parecendo descender de negros bantos.

— Irmã Carmelita, a senhora mandou me chamar?
— Mandei — respondeu a irmã, e foi logo acrescentando. — Benta, quero lhe dar uma incumbência. Nossa convivência é bem antiga e todos aqui sabem do seu proceder, da sua dedicação incansável ao tratamento das doenças dessas pessoas indigentes que vêm bater à porta da Casa Santa da Matriz. Pena que não possamos lhe dar os mesmos hábitos que usamos como irmã de caridade, por motivos óbvios, você sabe... Mas temos absoluta certeza de que irá se sair bem na tarefa que iremos lhe confiar.

Benta ouvia tudo calada, séria e apreensiva. Todo aquele histórico era gratificante para ela, que também lutara bastante para conquistar a confiança, o respeito e a admiração de seus superiores e colegas de trabalho. Em diversas ocasiões, fora nominada nos discursos dos senhores diretores da Casa Santa da Matriz pela dedicação, pelo desvelo e pelo carinho no trato àqueles irmãos pobres e carentes.

Começou ali mesmo como uma criança enjeitada. A mãe, sem recursos, a havia abandonado ainda bebê. Ali, fora criada e educada pelas freiras na Sala de Exposição de Crianças Abandonadas. Estivera inúmeras vezes na sala, mas nunca conseguira uma família que se apiedasse dela e a tirasse daquela casa, que, embora de caridade, pois lhe dava comida, abrigo e agasalho, não lhe dava tudo o que uma criança mais almeja, que é o afeto e o carinho de um pai, de uma mãe, mesmo sendo de uma família postiça; o importante é a estima e a dedicação.

A irmã Carmelita continuou falando:

— Benta, venha ver um menino bonito que acabamos de conhecer.

— Irmã Carmelita, que criança robusta e bonita! Não merecia estar aqui nesta situação tão adversa — redargüiu Benta.

— É, minha querida Benta, são os desígnios de Deus. Olha, pensamos que você deveria levá-lo para casa para assisti-lo, dar a ele um verdadeiro lar, proporcionar-lhe carinho. Pensamos muito em você. Agora, a decisão é sua.

— É o que mais quero, irmã Carmelita, mas a senhora sabe que sou solteira, vivo sozinha, eu e Deus. Mesmo assim, acha que a confraria me permitiria levar o garotinho para conviver comigo?

— Procuramos avaliar todas essas hipóteses. Toda essa conjuntura de fatos, de relações humanas, tem sido motivo de nossas conversas. Por isso mesmo é que lhe estou comunicando. Quando você estiver com tudo organizado em relação ao enxoval, mesmo que a parte legal ainda não esteja resolvida, pode levar o menino para sua companhia.

— Irmã Carmelita, me dê um tempo para pensar.
— Sim, Benta. Vai com Deus e saiba que tem de nós todo o apoio possível — finalizou a caridosa irmã Carmelita.

Benta, sempre muito calma e comedida em seus atos, parecendo que a vida nunca ia se acabar — talvez se achasse é sem perspectiva de vida —, irrompeu num choro convulsivo e abraçou fortemente a irmã Carmelita, beijando-a na face. Esta também se emocionou com a cena, mas procurou recompor-se, afastando um pouco a negra com um pigarro.

Era, por parte de Benta, um extravasamento cheio de emoção. Toda a descarga emocional que ela mostrava era talvez em retribuição a tudo o que a irmã havia feito por ela ao longo de anos, tanto no que se referia à sua educação, propriamente dita, como à sua personalidade de mulher honesta e cristã.

Benta, sem ainda ter assentido na tutela do menino — a emoção era demais —, perguntou aos arrancos:

— Como fazer para levar o menino para casa?

Respondendo à pergunta de Benta, irmã Carmelita pediu mais um tempo para as providências necessárias à consumação do fato, porém disse:

— Vá vendo o mínimo indispensável para a chegada do seu querido filho em casa.

❈ ❈ ❈

Benta de Jesus morava num casarão colonial sobradado, cuja construção, segundo a placa indicativa existente em seu alpendre, remontava ao ano de 1782. O casarão fora edificado na frente de um terreno que ocupava quase um quarteirão inteiro. Nos fundos da edificação havia um quintal imenso onde a criançada brincava de roda, de bola de gude, de pião, de carniça, de garrafão, de soltar pipa. Inúmeras eram as árvores frutíferas: bananeiras, laranjeiras, jaqueiras, mangueiras, caramboleiras, amoreiras; cana-de-açúcar; e muitos arbustos usados para cura medicinal: carqueja, poejo, erva-cidreira, hortelã, saião, boldo, capim-limão, laranja-da-terra, aperta-ruão e várias outras ervas. Havia um riacho que passava numa das laterais do terreno.

Nessa imensidão terreal brincavam as crianças que moravam no casarão e na vizinhança. Eram brincadeiras que tinham suas épocas próprias: confecções de balões durante os folguedos juninos e julinos; pipa, pião e bola de gude eram mais no verão, porque eram brincadeiras próprias de chão seco; amarelinha, roda, pique, garrafão e carniça eram brincadeiras realizadas de noitinha depois dos banhos e de outros folguedos menos comuns. Os familiares estavam sempre por perto, sentados nas soleiras das portas, como que a vigiar seus filhos.

Os meninos brincavam com patinetes manufaturados por eles mesmos. Retiravam a madeira de caixotes de *manzanas* argentinas, rodas de bilhas, borracha, de pneus de automóvel, para fazer o freio, de modo a brecar o patinete. Era uma brincadeira bastante divertida em meio a risadas e algumas escaramuças.

Outros meninos manufaturavam carros de madeira com rodas de bilhas e se deixavam deslizar barranco abaixo.

A atiradeira era um mote constante em seus folguedos diários, atrás de passarinhos pousados nos galhos dos frondosos arvoredos existentes no quintal do casarão. Faziam até piquenique com o resultado da caçada aos passarinhos. A preferência era por rolinhas, pombas-rolas e juritis, que davam um bom assado e eram de carne saborosa.

Fabricavam a atiradeira com uma forquilha de um galho de árvore que seguravam em uma das mãos e, com a outra, puxavam um pedaço de câmara de ar de pneu que, com sua elasticidade, dava velocidade à pedra que servia como projétil para atingir o alvo determinado.

O pique era outro tipo de brinquedo constante, pois estavam sempre apostando corrida para saber quem chegava primeiro em dado ponto: na escola, em casa, e o último a chegar era ironizado como sendo a "mulher do padre".

No córrego, absorviam-se em pescar peixinhos chamados piabas, que têm um colorido diferente, e baiacus, que inflam a barriga.

Nessa casa, residiam famílias imigrantes de Minas, da Bahia, de Pernambuco, alguns imigrantes estrangeiros, como era o caso do Rafô, francês explorador do lenocínio na Zona do Mangue, local destinado ao meretrício.

A comunidade era unida. Dividia a alegria nos aniversários, nas quermesses, nas batalhas de confete, nos blocos carnavalescos de sujo, e a tristeza contagiante pela falta de agasalho para o frio, alimento nutritivo para as crianças, falta de escola para alfabetização, falta de higienização básica. Mas toda essa adversidade era compensada pela solidariedade muito forte no grupo familiar.

Benta gozava relativamente de certo privilégio diante dos demais. Era solteira, empregada da Casa Santa da Matriz e podia se dar ao luxo de ajudar as crianças da comunidade, com sobra de comida e amostras de remédios. Constituía-se num grande baluarte em defesa daquelas crianças desamparadas financeiramente.

Não era à toa que no casarão a chamavam de Irmã Paula, dada a sua disposição em ajudar ao próximo.

Irmã Paula? Mas, por quê?

Ora, acreditávamos, por ser muito bondosa e sempre estar motivada a socorrer os necessitados, principalmente as crianças. Talvez, por isso, tenha ganhado este apelido, considerando que, naquela época, os serviços de assistência social eram prestados por freiras e irmãs de caridade. Com certeza, este apelido nasceu do conjunto dessas atividades filantrópicas e mais os incontáveis afilhados, dentro e fora do casarão e também na Casa Santa da Matriz, confiados a ela pelas inúmeras mães solteiras e quejandas.

✤ ✤ ✤

Benta preparou um enxoval digno de uma criança de recursos, não porque tivesse dinheiro sobrando, mas, sim, devido a toda a sua habilidade doméstica aprendida no tempo de interna. Tricotou casaquinhos de lã, bordou camisinhas de pagão, costurou colchas de retalhos e improvisou um berço para o neném, manufaturado de caixotes de frutas conseguidos no comércio local.

O dia da chegada do pequenino ao casarão foi uma verdadeira festa, todos querendo ver o garotinho e se admirando da coragem de Benta de ter ficado com o pequerrucho.

As senhoras já sabiam que Benta adotara o menino e lhe fizeram aquela surpresa: na mesa havia doces em calda de carambola, de manga, de cajá, de mangaba, de goiaba; e licores de laranja, de maracujá, de jenipapo, de pitanga, tingidos de anilina verde, amarela e vermelha. As iguarias foram preparadas com frutos colhidos do quintal.

— Comadre — falou dona Kita —, como a senhora vai fazer para trabalhar tendo que cuidar deste garoto? A senhora pega o bonde das 5h45min e só chega por volta das sete da noite.

Benta, em resposta à comadre Kita, explicou:

— Estive pensando em deixar o garoto, com as mamadeiras prontas, para a senhora ficar com ele e com isso ter folga para olhar os seus meninos.

— Que gracinha dona Benta! Olha só como ele sorri! Benza Deus! — disse dona Kita. Boa cozinheira, fazia um torresmo bem tostadinho... Uma delícia. Era uma espécie de líder. De tudo participava... opinava... impondo sempre a sua opinião.

Benta deixava transparecer um certo orgulho... Uma certa vaidade pelo instante, e atalhou:

— É, não ponha mau-olhado no meu filho.

Foi um murmúrio só.

— Hum... Vejam como está a sirigaita.

— Comadre, por favor, ponha o garoto no berço que vou preparar a mamada dele — exclamou Benta.

Em meio a muita peraltice e traquinada com a garotada do casarão, o menino foi crescendo, mimado pelos vizinhos e vigiado por Benta, que sonhava para ele um futuro próspero e seguro.

2

• • •

A Doença

Antônio de Jesus agora freqüentava a primeira série do curso primário do grupo escolar, quando sua mãe, já com uma certa idade, cansada da vida diária na enfermaria de indigentes da Casa Santa da Matriz, se viu às voltas com o menino, com uma febre intermitente, acompanhada de vômitos e inapetência.

Benta levou o garoto para se consultar com um pediatra famoso que atendia na enfermaria de pediatria todas as quintas-feiras. E nada da doença se debelar.

Benta fora criada sob rígidos padrões de educação alicerçada nos princípios cristãos, se bem que sua convivência no casarão lhe dera conta de outros conceitos religiosos. Dona Kita, por exemplo, era preparada na linha de candomblé e recebia um caboclo de nome Pena Verde que, às vezes, descia e era consultado pelo pessoal do casarão.

Benta não participava dos rituais, mas, desesperada com a saúde do filho e vendo não regredir aquele quadro clínico, aquiesceu em ouvir as recomendações do caboclo Pena Verde. Marcou um dia para ir com dona Kita ao terreiro de seu tata-de-inquice, no subúrbio de São Mateus, que era uma estação da estrada de ferro Rio D'Ouro, local ainda tolerado pela polícia para a prática de cultos africanos.

Encaminharam-se para a estação de Francisco Sá, no bairro de São Cristóvão, e pegaram o trem maria-fumaça com destino a São Mateus. O trem largava uma fumaça que sujava a roupa dos passageiros, por isso as pessoas mais prevenidas usavam um guarda-pó, para evitar sujar os trajes sociais.

Quando chegaram à estação de trem, ainda tiveram que se embrenhar mato adentro até localizar um barraco de estuque e sapê, no meio de um terreno cheio de mato, sem capina.

Havia diversas senhoras vestidas com saias brancas e panos na cabeça. Eram as filhas-de-santo do terreiro. E o terreiro, depois Benta ficou sabendo, se chamava Centro Espírita Ogum da Ronda, guia-chefe do camutuê do Tata Honório.

Uma das moças cumprimentou ritualmente dona Kita, dizendo:

— *Mukuiu*.

No que recebeu como resposta:

— *Mukuiu* no *Nzâmbi*.

Zambiapongo é o deus supremo dos negros bantos, e o Tata Honório, por ter cargo de zelador de santo na Nação de Angola/Congo, era intitulado tata-de-inquice ou ganga. Inquice, bacuru ou calundu é o nome dos santos na Nação de Angola ou Congo.

Julieta, cota-sororó da casa, admirou-se da chegada inesperada da irmã-de-santo e perguntou:

— Minha irmã, o que está acontecendo com você? Não é de aparecer aqui nos dias fora de toque...

Como resposta, Kita disse:

— Esta minha vizinha está com o filho muito doente. Já foi levado ao médico, mas continua febril. Parece febre

23

espanhola. Está todo empipocado, cheio de pústula pelo corpo.

Benta intrometeu-se na conversa, com os olhos marejados de lágrimas, e disse:

— Minha senhora, não há mais o que fazer. Remédio não lhe falta, acho que, agora, só Deus. O caboclo de dona Kita, *Seu* Pena Verde, baixou na minha casa e pediu que eu viesse falar com o Tata Honório.

— Meu pai está ocupado com uma obrigação de um cliente dele, mas, logo que ele desocupe, falo com ele sobre a senhora — disse a cota-sororó Julieta.

— Muito obrigada. Estou à sua disposição e de Deus — falou Benta.

Passou-se muito tempo. Já estava anoitecendo quando apontou, na porta de um dos quartos, sabaji, do barracão um mulato magro, esguio, com uma bata branca, que cumprimentou as pessoas que se encontravam na sala. Kita se encaminhou em sua direção e estendeu no chão seu pano-da-costa. Tocou a cabeça três vezes no solo, cumprimentando ritualmente seu zelador de santo, enquanto Benta lhe estendia a mão e dava boa-noite.

Tata Honório pediu a Benta que entrasse no quarto onde tinha um gongá com alguns alguidares cobertos com pano, quartinhas, campainha, copos d'água com pedras dentro, masanga ou usanga e uma urupemba contendo uma porção de zimbos em seu interior. Zimbos são conchas de moluscos retirados do mar que eram utilizadas como dinheiro pelos negros bantos de Angola, Moçambique e de outras etnias africanas e asiáticas. As conchas variam em tamanho.

Dentro do ritual religioso, as conchas maiores são usadas para o assentamento de santo e as conchinhas ou búzios, geralmente do tamanho de uma amêndoa, são ritualmente preparadas para o jogo de adivinhação feito na cultura angolana/congolesa, pela *tata Ti Zambura*. Serve ainda para compor o assentamento de bacuro, inquice ou calundu; como componente das indumentárias de alguns santos e na composição de símbolos cabalísticos, tais como o azé e o caxixi.

— Pode sentar ali junto àquele taramesso, minha filha — disse, apontando para uma mesa lá no cantinho do quarto. — Kita me falou do seu desespero por causa do menino. Vamos perguntar a Zambiapongo e a Zambira Iapongá o que está acontecendo com ele.

Ato contínuo, iniciou uma reza, angorossi, segurando um colar como se fosse um rosário, só que este era fabricado com sementes da erva lágrima-de-nossa-senhora.

Benta começou a chorar e o Tata Honório lhe disse que não tivesse medo e vaticinou:

— Dê tempo ao tempo, que o tempo é o melhor remédio para tudo. — E perguntou: — Qual é o nome e a data de nascimento da criança para sabermos algo por meio do Kabalah, o regente espiritual dela.

Benta prontamente respondeu, enquanto o zelador jogava os cauris na peneira. Jogou diversas vezes e perguntou se o menino tinha alguma tradicionalidade espiritual.

— Pouco sei sobre a vida do Toninho. Por intermédio de uma irmã da Casa Santa da Matriz, eu o livrei da sala de exposição de crianças abandonadas. Assim como os meus, não conheço os seus ascendentes, nada sei sobre eles.

— Dona Benta, é preciso ver a parte espiritual do seu garoto. Agora, eu aconselho a senhora a continuar com o tratamento médico prescrito. E, no casarão, como estão aquelas crianças? Será que as estão cercando dos cuidados recomendados pelas autoridades sanitárias?

— Seu Honório — disse Benta —, de minha parte, sim. Desde o surgimento da febre, depois que percebi que ela não passava, eu não tenho deixado o garoto brincar com as outras crianças, com medo que a doença se alastre.

— Dona Benta, errei em ter feito tal comentário. É como diz o ditado: "Padre querendo ensinar o vigário a rezar missa." A Kita já havia me falado do seu trabalho na Casa Santa da Matriz.

— Correto, *seu* Honório. A Casa Santa da Matriz, por ser uma casa de atendimento aos necessitados, tomou de imediato uma série de medidas esclarecedoras, no sentido de alertar a população mais carente dos cuidados que devem ser tomados em relação à proliferação da doença. E o senhor sabe que também, em caso de emergência, deve ser procurado o Instituto Oswaldo Cruz, em Manguinhos.

— Foi muito bom a senhora me alertar sobre isso, porque, aqui no terreiro, graças a Zambiapongo, ainda não fomos acometidos desse mal. Mas vêm muitos clientes me procurar para a cura dessa doença, e até vizinhos, porque pensam que eu tenho alguma fórmula para a cura. Assim, gostaria de ter o endereço e saber como se vai até lá para encaminhar essas pessoas. O instituto cobra algum dinheiro pela consulta e pelos remédios, dona Benta?

— Não, *seu* Honório, qualquer atendimento é de graça. A vacina imunológica também. O senhor pode pedir a esses clientes e vizinhos que tomem medidas preventivas contra a propagação da doença, como, por exemplo, eliminar poças de água existentes nos terrenos, vasilhames com água parada e qualquer tipo de recipiente que permita a estagnação de água, de modo que os mosquitos não coloquem ali suas larvas.

— Entendi tudinho, dona Benta. Serei um soldado destacado no combate à propagação desse mal. Mas vamos ao mais importante, que é o seu menino. As horas vão avançando e é bom ver o que é preciso fazer espiritualmente para ajudar no combate à doença.

Na cultura afro-brasileira, vamos encontrar um inquice, santo, se quisermos falar como católicos, que controla esse tipo de manifestação da natureza, as doenças, principalmente. E uma possível epidemia de varíola. Também é a divindade relacionada com a lepra, a erisipela, a embolia, a bexiga, enfim, as doenças de pele.

— O que posso aconselhar — concluiu *seu* Honório — é o recolhimento do seu garoto por alguns dias aqui no nosso acanzalê. Ouviu bem, dona Benta?

— Ouvi perfeitamente, *seu* Honório. Mas, ainda que mal eu pergunte, em que consistem esses cuidados espirituais? O que eu preciso fazer? Sou praticante de outra religião e nada sei a respeito dessas coisas.

— A senhora teria de vir se hospedar aqui, em São Mateus, por alguns dias, trazendo roupas para trocar, lençóis, esteiras para servir de cama, escova e pasta de dentes, chinelos e cobertas para si e para o menino. Aqui, eu vou preparar banhos, comidas, rezas, dentro dos preceitos exigidos pelo inquice Cafungê para ajudar no tratamento da cura espiritual que ficará aos meus cuidados; e, no que se referir ao tratamento físico em si, a senhora continuará seguindo o que foi recomendado pelos médicos do garoto.

— *Seu* Honório, vou tentar, junto à administração da Casa Santa da Matriz, a concessão de uma licença por alguns dias para que eu possa cuidar do garoto mais de perto e, caso consiga, virei passar umas férias aqui com o pessoal.

— Você já viu como é a casa e os agregados. Nós moramos fora do centro da cidade pelo fato de nossos rituais assim exigirem e por causa, também, do amplo espaço, onde você tem um contato maior com a natureza, que é o princípio básico da religião afro-brasileira. Daqui, podemos retirar as insabas, folhas; colher frutos nativos; criar galinha, pato, pombo, cabrito; até caçar pequenos animais silvestres. Temos uma queda d'água aqui próximo, um riacho de onde retiramos água para beber. Todo este complexo ecológico é importante para a preservação dos cultos de origem africana e ameríndios, cujo alicerce é todo calcado na mãe natureza. Essa é a nossa grande luta: tentamos preservar este manancial, que nos é benéfico para a realização de nossos cultos espirituais, contra o Estado na sua marcha desenvolvimentista e contra a sociedade na sua febre de construir edifícios e fazer loteamentos. Dona Benta, desculpe o meu desabafo. Olhe, então aguardo sua chegada com o garoto, se Zambiapongo assim o desejar.

— É, já é tarde, vou indo — disse Benta. — O garoto ficou em casa com uma outra vizinha, e quero saber do seu estado de saúde tão logo chegue.

— Kitala... Kitala... — gritou bem alto *seu* Honório para o interior do terreiro.

E apareceu um crioulo alto na porta.

— Venha cá, meu filho. Leve esta senhora até a estação de São Mateus para pegar o trem. Ela vai para Francisco Sá. Vá correndo, por causa do horário. É o último trem.

— Sim, senhor — respondeu-lhe o crioulo Kitala.

Seu Honório esclareceu que dona Kita ficaria no terreiro e só voltaria no dia seguinte para levar banhos e bebericagens para o menino, enquanto Benta não resolvesse o problema da licença e pudesse trazer o menino para o início dos preceitos recomendados no jogo de búzios. Pediu, também, que dona Benta avisasse do pernoite de Kita no terreiro, de modo a não preocupar seus familiares.

3

● ● ●

Engabelo para o Bacuro de Umbanda

Benta, ofegante com o peso de tantas tralhas e o cansaço proporcionado devido à extensão da caminhada, adentra pelo terreiro, nessa altura dos acontecimentos, puxando o menino pela mão, jogando-se no primeiro banco que avistou à sua frente, exausta, suada.

Uma pequenina pausa a refez do cansaço. Sentou o garoto perto dela, cumprimentou a cota-sororó Julieta que estava limpando o terreiro e perguntou pelo *seu* Honório:

— Podia chamar o *seu* Honório? Desejo falar com ele.

— Sim, vou já avisá-lo de que a senhora está aqui.

Não demorou muito e o tata-de-inquice apareceu com um sorriso nos lábios, confidenciando que já esperava por ela com o menino, porque os inquices haviam-lhe avisado.

— Dona Benta — falou —, vou arranjar acomodações para a senhora ficar com o menino. Não repare, que a casa é de pobre. Sabemos que falta muita coisinha aqui em termos de conforto, mas, com a graça de Zâmbi, vamos vivendo no cumprimento de nossa missão espiritual.

E atalhou:

— A Kita lhe entregou as maiongas (banhos) e a garrafada que eu preparei para o garoto, não entregou?

— Entregou, sim, *seu* Honório. Subi logo que pude. Os meus chefes me deram uns diazinhos para cuidar do garoto e cá estou eu de volta, com muita fé. Espero alcançar as graças dos deuses.

— Vamos tentar, dona Benta, vamos tentar. O dia todo de hoje a senhora vai ficar descansando da viagem com o garoto. Amanhã cedo vamos começar os nossos preceitos ritualísticos.

Despediu-se, virou as costas e foi tratar de outros afazeres.

※ ※ ※

O dia da chegada de Benta era domingo, assim, ela ia poder ver como funciona uma casa-de-santo nos dias fora de função. Lá se encontravam vários chefes de família, alguns agregados do terreiro e outros aproveitando a folga de fim de semana para ajudar na conservação e manutenção do centro. Na realidade, é uma irmandade religiosa calcada nos princípios dos cultos afro-brasileiros, porque todos pertencem ao mesmo gunzo, isto é, foram preparados religiosamente com maza (água), manhinga (sangue) e insabas (ervas) do mesmo porrão.

Justamente por estarem envolvidos culturalmente na preservação do gunzo é que consertam os engomas (tambores), elementos propiciadores das vibrações necessárias à evocação dos inquices (deuses). Outros capinam os arredores do barracão de festa. Muitos consertam o telhado do barracão e das casas cobertas de sapê.

Vez por outra, aparecia o *seu* Honório solicitando alguma coisa ou orientando sobre o que era mais urgente fazer.

As mulheres, junto com a mulher do *seu* Honório, estavam umas lavando roupas, outras cozinhando em suas cozinhas próprias, ou tratando dos filhos, ou sentadas nas soleiras das portas, repousando da lida diária das casas de família, com os filhos, maridos e com o atendimento espiritual aos clientes do terreiro.

Aquele pessoal fazia parte da comunidade religiosa do terreiro: mona uadiala (filhos e filhas-de-santo), muzenza, mucamba, samba, cota e macota; agregados ao terreiro pelos mais variados motivos sociais: mães solteiras que não tinham como criar seus filhos, homens e mulheres desempregados que não tinham de onde tirar dinheiro para pagar o aluguel e as contas; senhoras e senhores idosos sem condições físicas para o trabalho e sem assistência previdenciária. Eram as pessoas que moravam nas dependências do terreiro.

4

• • •

A Colheita das Insabas

Na madrugada de segunda-feira, por volta das duas horas da manhã, Tata Honório já estava de banho de macaia tomado, calça e blusa vestidos e sapatos calçados.

Como se tratasse da primeira segunda-feira do mês, Tata Honório tinha providenciado o ossés dos inquices ou bacuros ou calundus do abaçá, desde Aluvaiá até Lemba Di Lê ou Lembarenganga. Todos foram lavados com maza, sumo das macaias, ensaboados com sabão-da-costa, enxaguados, enxutos com pano-da-costa e, finalmente, azeitados, melados e recolocados nos respectivos gongás.

Ossé é um vocábulo de origem nagô que significa semana e que foi assimilado pelos negros africanos cultores da religião como sendo a tarefa de limpeza semanal de seu santo.

Após a limpeza, sempre é oferecida uma comida seca para o bacuro do filho-de-santo, de acordo com o dia da semana correspondente ao seu inquice. Por exemplo, se for feito numa segunda-feira, é o dia de consagração aos calundus ou inquices ou bacuros nominados Aluvaiá ou Bombogira ou Pangira, que é o mesmo Exu dos nagôs. Também na segunda-feira se cultua Burungunça ou Cuquete ou Quingongo ou Cavungo ou Cabalangüânje, que é o mesmo Obaluaiê dos nagôs. Ainda é cultuado o Ogum dos nagôs denominado, no Angola/Congo, de Roximucúmbi ou Sumbo Mucumbe ou Incoce. A comida que se pode pôr aos pés dos inquices citados, respectivamente, é doburu e miami-miami. Se, entretanto, o ossé é realizado numa quarta-feira, dia consagrado ao inquice Zaze e ao bacuro Bamburucema, uma das comidas secas que podem ser oferecidas é quilombô, para Zaze, e, para Bamburucema, acará.

No candomblé de Tata Honório, que é um candomblé de origem Angola/Congo, os seus filhos-de-santo, muzenzas, cambondes e cotas dormem no terreiro sempre que vão fazer qualquer obrigação relativa aos seus inquices.

Podem, assim, levantar bem cedo, tomar banho de macaia no maiongá, ir até o local de assentamento de seus santos, gongá, retirá-los para realizar a limpeza semanal do mesmo, ou seja, o ossé ou qualquer tipo de ritual ligado ao santé.

Para a realização do ossé, acendem uma murila para clarear o assentamento e para o santo clarear seus caminhos; procedem a limpeza do bacuro como anteriormente exposto e, em seguida, providenciam a feitura da comida fundamental do inquice. Doburu, se o santo é Cuquete; arroz sem sal e dendê, se se tratar de Lemba Di Lê; para Aluvaiá ou Bombogira, muito marafo, fundanga e miami-miami.

À tardinha, a comida já está preparada no carvão de lenha, o filho-do-terreiro toma novo banho para tirar o suor e o cansaço físico, a fim de estar parcialmente purificado por meio do banho de limpeza corporal e aí, então, arriar no chão a oferenda acompanhada de curimba, em conjunto com o azuelar dos angomas, que são os instrumentos de percussão usados nos candomblés Angola/Congo, acrescidos de agogô, caxambu, macumba, chocalhos, triângulos e cabaças.

Mas Tata Honório havia deixado para iniciar o candengue Antônio de Jesus nos mistérios sagrados dos cultos africanos justamente naquela segunda-feira, por ser o dia em que se reverencia o bacuru Cuquete, pai espiritual do candengue Toninho.

O cambonde Kitala já tinha colhido as macaias ritualísticas destinadas aos banhos lustrais dos filhos de Cafungê. Então se podiam ver separadas em molhos distintos estendidos no chão as folhas das macaias:

Gameleira	*Ficus doliaria*, Martius
Velame	*Croton Campestre*, Martius
Casadinha	*Susp. mikania composta*
Urtiga	*Urtiga urens*
Canela-de-velha	*Miconia albicans*, Bahia
Carobinha-do-campo	Jacarandá Peteroides

Foram colhidas folhas afomã, que são trepadeiras que vivem parasitariamente nas copas de outras árvores, tais como:

Erva-tostão	*Boerhavia hirsuta*, Martius
Barba-de-velho	*Tillandsia usneoidis*, Lineu

Não eram somente as ervas pertencentes ao inquice Cafungê que seriam utilizadas. As macaias ou insabas de seus companheiros inseparáveis, Aluvaiá e Roximucúmbi, foram cuidadosamente colhidas pelo cambonde Kitala, do *Maiombé*, próximo ao terreiro, de modo a serem integradas ao amaci para lavagem do camutuê do candengue Toninho.

Além das macaias destes inquices, teriam, por um dever fundamental, de ser acrescentadas ao amaci as macaias dos inquices do tata ou ganga e de Lembarenganga, que é, abaixo de Zambiapongo quem governa os destinos dos iniciados nos cultos.

Preparação do Xicarangome Kitala

O cambonde Kitala fora preparado pelo tata-de-inquice Honório para colher as insabas ou macaias (ervas) para todos os tipos de obrigações dos filhos do *Mbazi*, assim como: assentamento e feitura de santo; tirada de mão de vumbe; Mujimba e lavagem de contas. Os bantos chamavam essas pessoas de tata-de-insaba ou tata-de-macaia ou Mão de Ofa.

Por que tata ou ganga? Porque todas as pessoas que trazem um cargo, isto é, que têm compromisso específico dentro da nação de Angola/Congo e que são devidamente preparadas para o perfeito exercício daquela missão são chamadas de ganga, na nação de Congo, e de tata, na nação de Angola. Temos, portanto:

— O tata-de-inquice, zelador de santo;

— O tata-Zambura, jogador de búzios;

— O tata-Né, mestre-de-cerimônias;

— O tata-Orogogi ou Ongorossi, conhecedor das rezas;

— O ganga-ianvula, sacerdote da chuva, e

— O nganga Zâmbi, sacerdote dos espíritos.

As pessoas que detêm todo o conhecimento referente àquela missão que lhes fora designada pelos inquices, como é o caso de Kitala em relação ao *Mbazi* do tata-de-inquice Honório, são um tata-cambonde-de-insaba ou tata-cambonde-de-macaia.

Entretanto, para que ele recebesse essa honraria e assim fosse considerado dentro da roça de Pai Honório, foi necessário jogar os zimbu para saber a permissibilidade dos bacuros, até mesmo o regente de seu camutuê, o bacuro Congobira, para então serem realizados os preceitos ritualísticos para o seu investimento legal no cargo de tata cambonde.

Quanto ao tata cambonde Kitala, filho do inquice Congobira, quem ordenou o seu levantamento para cambonde foi o inquice Mutalambô, que é o mesmo Oxóssi dos nagôs, fato ocorrido na saída da muzenza de Roximucúmbi; por esse motivo ele traz o nome religioso de Kitala dado pelo inquice.

O cambonde na Nação de Angola/Congo é feito com o mesmo preceito com o qual é preparado uma muzenza, isto é, iaô. Ele é raspado, catulado, pintado e recebe no barracão os mesmos apetrechos que recebe uma muzenza. Esta é uma das razões pelas quais muitos dos cambondes raspados no Angola/Congo se arvoram em exercer o cargo de zelador, o que muitos consideram errado, embora estes tenham passado por todos os sacrifícios de uma muzenza, porém, não viram no santo, ou seja, não recebem santo.

※ ※ ※

— Kitala, foram colhidas ervas suficientes para as obrigações de lavagem de cabeça, banho lustral e para fazer a mujinga do corpo do candengue Toninho? — perguntou Tata Honório, quebrando o silêncio.

— Acho que sim, meu tata-Zambura — respondeu o cambonde. — Mas acho bom o senhor examinar se não falta alguma folha para o que vai fazer.

— Estão certas, meu filho. Essas folhas são suficientes — respondeu Honório. Agora, apresse as cotas para darmos início aos nossos trabalhos.

E, voltando-se para Benta, que se encontrava num dos cantos do barracão olhando toda aquela movimentação, muito admirada, explanou Tata Honório:

— Por força da tradição de nossos ancestrais, a senhora não vai poder ficar aqui no barracão acompanhando a obrigação. Arranje uma sombra num pé de arvoredo lá no roçado para ficar esperando pelo término do serviço.

E procurou esclarecê-la um pouco melhor, até mesmo a fim de confortá-la do trauma que Benta vinha vivenciando.

— Acontece, dona Benta, que no Brasil a dinâmica dos cultos africanos é toda baseada na ancestralidade familiar, ou seja, a transmissão do poder espiritual que os negros nagôs chamam axé e nós, angolanos, chamamos de *hamba* é feita dentro da própria família. É muito provável que o bacuro, que hoje está querendo se incorporar no candengue Toninho, seja um inquice que tenha pertencido a um parente dele não muito distante, que quer ele como cavalo. É comum o inquice de um parente próximo que tenha cuendado ou cufado, vir a se incorporar em seu descendente.

"A propósito, Benta, existe um imba banto, canto que retrata esta passagem entre a vida e a morte ligada obviamente ao bacuro Bamburucema, que diz o seguinte: 'Eu *gongô, eu gongá*, Santa Bárbara é dona do Jakutá. Santa Bárbara é dona do *jakutá kuenda kuenda popô banguela mina orirá.*'

"Dentro desse mecanismo hierárquico, é um tio que o transmite a um sobrinho; é uma filha que o recebe da mãe, da avó ou mesmo de um irmão carnal.

"Aí, o zelador-de-santo tem que tirar o vúmbi do falecido por meio do ritual chamado sirrum, que é o candomblé funerário do povo banto. O do povo nagô é o axexê.

"Dessa maneira, direta ou indiretamente, o axé, cujo vocábulo correto na etnia banto é *hamba*, provoca um estado qualquer de indisposição na vida de um herdeiro, que é impelido a aceitá-lo, sob pena de sofrer as conseqüências inerentes às condições estabelecidas ao longo de séculos e séculos de transmissão religiosa por um mane que presida aquela hierarquia familiar. Manes, segundo a mitologia banto, são as almas dos vivos depois de mortos.

"Dona Benta, todo esse histórico é para esclarecê-la a respeito do caso do seu filho, o Toninho. Ele, para se livrar desse mal-estar, deve devotar-se no zelo do santo que o tomou como filho. Não que Omolu, Deus iorubá, sincretizado pelos negros bantos como Cuquete, esteja querendo castigá-lo, mas, sim, lembrá-lo de que essas marcas, que provavelmente ficarão em seu corpo, são para que ele e os outros conhecedores dos mistérios sagrados dos cultos não se esqueçam de que Omolu ou Cuquete existe, de que é um Deus e, portanto, merece ser lembrado.

"Por favor, dona Benta, me dê licença. Mais tarde, voltaremos a conversar — falou Pai Honório — e, dirigindo-se aos cotas, muzenzas, cambondes, cambas e cafiotos, recomendou: — Vamos iniciar os nossos afazeres. Kita, pegue o menino na decisa e leve-o para tomar banho no maiongá. O primeiro banho será de maza. Depois, venha com ele para o barracão.

— Sim, meu tata — respondeu Kita, que saiu logo para providenciar o que o tata tinha recomendado.

※ ※ ※

Enquanto isso, entravam pela porta da frente do barracão as muzenzas do último barco-de-santo, aos pares e em fileira, trazendo as quartinhas contendo água, os alguidares, as murilas, os fios de contas enfiadas para os inquices protetores do menino. Foram apeando os materiais ao redor do banquinho onde Pai Honório estava sentado.

Kita, a esta altura, retornava com Toninho de banho tomado e vestido com roupa branca. Confidenciou ao menino:

— Toninho, agora você senta na decisa e fica esperando pelos acontecimentos.

— Tia — falou o menino, dirigindo-se a Kita —, o que é essa tal de decisa?

Kita deu uma boa gargalhada e lhe respondeu:

— Decisa é isso onde você está sentado, esteira. Ela é usada em todos os tipos de serviços religiosos que nós fazemos. Você ainda vai ficar sabendo de muitos nomes usados pelos negros de origem banto no Brasil.

Kita colocou o dedo indicador entre os lábios e, olhando para o menino, fez:

— Psiu... O Pai vai começar a obrigação, silêncio. Qualquer coisa estarei por perto.

— Kianda, você foi escolhida pelos bacuros para ser madrinha do cassueto — falou Pai Honório, quebrando o silêncio e cantou: "*Bacuros chama Kotá oi Dinê... bacuros chama Kotá oi Dinê...*"

✳ ✳ ✳

Enquanto o cambonde tirava o imba repicando os engomas (tambores), os filhos-de-santo, uníssonos, respondiam à cantiga, e Pai Honório ia soprando o pó da pemba pelos quatro cantos do Embasse.

"Oi Ki Pembá Oi Ki Pembé Oi Iza Kazanze Oi Iza D'Angola Oi Ki Pembê samba Angolá."

Tornou a se sentar no tamborete e deu ordens à mucamba do inquice Congobira para contar os molhos de ervas arrumadas num dos cantos do barracão.

— Mutala Kemê, pode contar as macaias e depois coloque as folhas no alguidar para serem quinadas.

— Contei 48 espécies de folhas, meu Tata Honório.

— Agora, podemos começar o ingorossi das macaias, Mutala Kemê, enquanto Kita, que é a madrinha, quina as ervas junto com o cassueto Toninho.

— Saravá catendê... Saravá o povo de Angola — gritou Pai Honório, no que foi respondido pelos filhos:

— Salve catendê... Salve Angola.

Pai Honório tirou alguns pontos para catendê, sempre acompanhado pelo coro dos filhos-de-santo:

*"Katendê ê ê Katendê
Katendê Nganga
Katendê la Luanda"*

*"Katendê Nganga Kuruzu
Katula Zâmbi Katuramo
Katendê Nganga Kuruzu"*

*"Katendê dela Njina
O Luandê Mi Katendê de la Njina"*

5

• • •

Assentamento de Bacuro de Umbanda

— **K**ita, você trouxe as pedras dos santos, para serem assentados os inquices?

— Sim, meu tata, elas estão aqui, dentro do alguidar.

— Bem, minha filha, separe as pedras das ferramentas para a lavagem. Coloque as pedras de cuquete aqui neste alguidar e lá na terrina branca as pedras de Lemba Di Lê. O Aluvaiá de Cuquete vamos sentá-lo na casa dele junto com os outros compadres.

— Começa a lavagem, Kita — ordenou o tata.

Kita pegou as ferramentas e as pedras dos santos que estavam sendo assentados e os colocou dentro dos respectivos recipientes. Pegou um pouco do sumo das ervas quinadas que se constituía no amaci feito das macaias maceradas e foi lavando, junto com o menino, as ferramentas e as pedras dos santos, itás.

Depois, com o mesmo amaci foi lavado o camutuê do candengue Toninho e ensaboado com sabão-da-costa com as mãos do Tata Honório. O pano-da-costa que o menino trazia envolto no pescoço pôde ser utilizado para a secagem da sua cabeça, de seus pés, de suas mãos e de seu rosto pelo tata.

Pai Honório sacudia na mão um saquinho feito de palha trançado contendo em seu interior sementes de bananeira-do-mato, chamado caxixi, como se estivesse consagrando os trabalhos, pois em toda iniciação ritualística torna-se obrigatória, por uma questão cultural, que a mão e o hálito do tata sejam passados no iniciante, de modo a receber a transmissão do hamba, isto é, a força mágica que impulsiona e faz com que as coisas aconteçam.

Os cambondes cantavam pontos cabalísticos. Os tambores azuelavam, a fim de provocar um estado letárgico no iniciado Toninho, isto é, o cassueto de Burungunço.

Foi necessário quebrar um obi de cinco gomos dentro de um prato branco para saber se os deuses estavam de acordo com os trabalhos que vinham sendo executados. A resposta foi afirmativa; Cavungo queria ter o seu assentamento.

❊ ❊ ❊

Ao finalizar todo aquele ritual destinado ao assentamento dos santos de Toninho, Pai Honório pegou seus 16 zimbos, forrou uma toalha branca, uaia, em cima da decisa do garoto, colocou uma murila no buraco do castiçal de barro e um copo com maza, para poder jogar os búzios, a fim de saber, a partir daquele momento, qual seria a dijina pela qual os inquices traziam de Zambiapongo para o menino ser chamado dentro do *mbazi*, terreiro.

Jogou várias vezes os búzios, zimbos, em cima da toalha, até que levantou as mãos postas para o céu e exclamou:

— *Maleme Soba Kingongo, Mukuiu.*

Pai Honório pediu que o garoto encostasse a cabeça no solo em sinal de submissão e respeito ao seu protetor e falou:

— O nome dele de agora em diante dentro do terreiro será Kaxinxi.

✵ ✵ ✵

Os preparativos para o assentamento dos santos protetores de Toninho não pararam aí. Foram feitas as comidas prediletas dos santos que foram assentados e, posteriormente, arriadas no chão do barracão dentro de alguidares, pratos najé e terrinas. Bebidas também foram oferecidas, as chamadas gronga, preparadas com raízes de plantas, gengibre, rapadura e canjica branca; o vinho de palma, malavo, foi ofertado para o inquice Roximucúmbi e para o inquice Aluvaiá, marafo e pito.

O ritual de arriada foi acompanhado de cantorias de corimbas e do azuela, provocado pelo toque dos engomas (tambores).

Alguns inquices responderam ao chamado ritualístico, incorporando-se em seus cafiotos, de modo a abençoar aquele momento festivo, por intermédio de suas danças características, e, por outro lado, comemorando a entrada de mais um irmão de fé nos mistérios sagrados da cultura religiosa do povo banto.

A função terminou tarde da noite e os filhos que dependiam de condução para retornar aos seus lares tiveram que pernoitar no *mbazi*, terreiro.

Cada malungo estendeu sua decisa (esteira) em algum lugar do barracão.

Deitaram para descansar do dia estafante, mas, em compensação, o dia foi proveitoso, porque conseguiram que a obrigação transcorresse bem tranqüila e que o inquice respondesse satisfatoriamente.

Esperando o sono chegar, ouviam-se algumas conversas paralelas entre os convivas; e, no grupo próximo ao malungo Toninho, recém-iniciado na banda, Kitala iniciou uma conversa conhecida dos irmãos-de-santo mais antigos de casa, talvez querendo amedrontar o menino.

— Toninho — dirigiu-se Kitala ao garoto.

— O que é cambonde Kitala?

— Você já ouviu falar em lobisomem?

— Sim, lá no casarão onde eu moro às vezes tem esse tipo de conversa.

— Kaxinxi... Oi, garoto, estou falando com você — continuou Kitala. — Já esqueceu que, agora, na nossa comunidade religiosa, temos que chamá-lo de Kaxinxi, como você também só pode me chamar de cambonde Kitala. O meu nome profano é José Cruz.

— OK, cambonde Kitala, mucuiú. Pode continuar com a sua história.

— Assim como esta carne a terra há de comer, contam que nas proximidades da Estação de São Mateus, nos dias de lua cheia, quando ia chegando a hora grande, aparecia um homem enorme, com os dentes caninos grandes, orelhas pontudas e de cor pálida.

— Cambonde Kitala, o que é hora grande?

— Candengue Kaxinxi, hora grande é meia-noite. Prosseguindo, acontece que o horário do último trem que chega de Francisco Sá é exatamente na hora grande, meia-noite, tá bem, candengue Kaxinxi?

— Tá certo, meu tata, acho que aprendi.

— Geralmente os passageiros moram bem distante da estação do trem — continuou relatando o cambonde. E têm de se embrenhar *maiombe* adentro para poder chegar em suas moradas.

— *Maiombe*... cambonde Kitala?

— *Maiombe* é o mesmo que matagal, mata, candengue Kaxinxi. Como eu estava dizendo, havia um burburinho no local por causa das carreiras que alguns moradores do local tinham levado do tal lobisomem. Havia uma desconfiança de que um tal de Gervásio era o lobisomem, porque uma vizinha tinha visto fiapo de pano nos dentes dele.

— Então, pegaram o homem, não é cambonde Kitala?

— Não... Ainda não... Não podiam pegá-lo sem antes espetar um toco de madeira no coração do homem quando tivesse virado lobisomem, para ele nunca mais virar coisa ruim.

— Mas como é que vivia com as outras pessoas... E onde ele morava?

— Candengue Kaxinxi, ele morava numa casa com família, filhos e tudo o mais, igualzinho a qualquer um de nós. O homem só virava coisa ruim nos dias de lua cheia, e depois, quando acabava aquele torpor, não sabia de nada do que andou fazendo. Dizem que isso é sina... É algum trato que ele fez com o diabo, numa noite enluarada de sexta-feira, num pé de figueira na hora grande — continuou o cambonde Kitala com sua história marota. Os homens do local combinaram atocaiar o bicho no primeiro dia de lua cheia. Ficariam na espreita dele e, quando ele tivesse virado lobisomem, aí, então, eles iriam abatê-lo e, depois, colocar a estaca feita de toco de madeira no coração do bicho ruim.

— E como é, cambonde Kitala! Eles conseguiram colocar a estaca?

— É, meu irmão, estou vendo que você se interessou mesmo pela historinha, hein? Não foi assim tão fácil para eles; muitas luas se passaram até que eles pudessem pegá-lo virado. Mas conseguiram cercá-lo numa biboca, lá pro lado do barranco perto da colina, que fica no alto do Morro de Xerém. O bicho ameaçou o grupo com os dentes aguçados, os olhos vermelhos que nem fogo, esbugalhados, querendo abocanhar um que estivesse menos atento.

— O lobisomem conseguiu matar alguém, cambonde Kitala?

— Matar, não, mas deixou alguns estragos. Tivemos companheiros arranhados, outros, mordidos, mas, após muita luta, conseguimos abatê-lo a porretada. As pauladas foram tantas que o bicho não agüentou e caiu no chão. Os homens seguraram com força as patas do bicho, porque o lobisomem, embora caído e muito ferido devido às porretadas, ainda tinha força e lutava para não morrer.

— Puxa, emocionante! Mas quem colocou o toco de madeira no coração do bicho?

— Eu não estava lá para ver, mas dizem que foi o Benedito Pé-de-Valsa, pois era ele exatamente quem levava o toco de madeira na mão. Ele estava todo equipado de patuá, contra qualquer malefício do lobisomem. Os mais velhos do local ensinaram para ele carregar um crucifixo com ele, palha de alho, cruz de madeira, réstia de cebola e outros materiais.

— Cambonde Kitala, a história é fantástica, incrível...

— É incrível mesmo, Kaxinxi, você pode crer.

6

• • •

O Povo Banto

— Nesse pouco tempo em que estou observando o seu trabalho, fico a imaginar o quanto ele se parece com a minha lida na Casa Santa da Matriz, onde há momentos de não ter tempo para o lazer.

— Mas o porquê disso tudo, dona Benta? — perguntou Tata Honório.

— Comecei a observar que os freqüentadores daquelas enfermarias muito raro possuíam uma família constituída. A enfermaria de indigentes é composta de pacientes adultos e infantis. As pacientes mulheres têm sua enfermaria formada de clientes adultos e infantis igualmente à dos homens. Como o nosso trabalho é intenso, dada a rotatividade existente, estamos sempre sobrecarregados de serviço e nos desdobrando na cobertura aos pacientes, de um modo geral.

— Mas ainda não consegui alcançar em que ponto a senhora deseja chegar, dona Benta.

— É que enquanto a sua faina diária é no sentido de debelar o mal espiritual que existe nas pessoas que vêm procurá-lo, tenho lutado em dar vida aos moribundos que me chegam à Casa Santa da Matriz.

— Nós, quando ingressamos na religião, já sabemos que é para o cumprimento de uma missão deixada por um ancestral nosso que possuía o cargo de ganga (zelador). O nosso aprendizado se faz ao longo de sete anos de penoso exercício de submissão aos inquices, aos tatas, de irmãos mais antigos que nos contam histórias de fatos sucedidos desde a mãe África, e qual o nosso procedimento em determinado caso espiritual.

"Contam, por exemplo, Benta, que os Bantos acreditam num Deus Supremo, chamado de Zâmbi. O mundo, com tudo o que há nele, é propriedade de Zâmbi. O mesmo Deus criou o mundo e entregou o seu governo imediato aos bacuros ou inquices (espíritos), não se dignando a cuidar diretamente dos homens.

"Dessa maneira, surgiram os manes ou inquices ou bacuros denominados de Pangira, Aluvaiá, Roximucúmbi, Congobira, Têmbu, Catendê, Angorô, Cafunge, Calunga, Dadalunda, Micaia, Aiocá, Vunje, Cabasa, Caculu, Cambalacinda, Matamba, Zaze, Lemba Di Lê, que são reencarnações dos espíritos de seus antepassados.

"O povo do santo banto conta a respeito de um ritual consagrado aos manes, espíritos, em que existiu um grande chefe banto que tinha por hábito subir uma montanha e lá fazer as suas preces a Zâmbi.

"O seu filho, que o sucedeu, sentiu medo de se aproximar do grande inquice que seu pai adorava. Então, chamou o espírito de seu pai para que intercedesse por ele e pelo povo diante de Zâmbi, o criador de todos. Gradualmente, cada chefe de família adotou este método de se aproximar de Zâmbi, até que cada família teve os seus próprios espíritos ancestrais, primeiramente como medianeiros e depois como objeto de adoração.

"E, desta maneira, com o rodar dos tempos, Zâmbi foi posto de lado para serem invocados os manes, inquices ou bacuros de Umbanda pelos Quimbandeiros.

"Entre os Bantos, de modo geral, os antepassados aparecem como intermediários entre Zâmbi e o homem.

"Zâmbi criou o sol, a lua, as estrelas, o homem e a mulher, esses dois últimos chamados, respectivamente, Tumba Calunga e Têmbu.

"Então, foram as estrelas ter com Zâmbi e disseram-lhe que o sol tinha desaparecido. Zâmbi disse-lhes: 'O sol não morrerá... Aparecerá todos os dias.

"Ao romper do dia seguinte, foram as estrelas de novo ter com Calunga, inquice protetor da lepra, comunicar-lhe o desaparecimento da lua. Zâmbi disse-lhes: 'A lua aparecerá todos os 28 dias do mês.'

"Passam anos e o homem morre. Vão as estrelas contar a Zâmbi o sucedido. Ele, então, pergunta-lhes: 'De que lado estava o homem?'

"As estrelas respondem: 'Está do lado oposto ao teu.'

"E Zâmbi responde: 'Então morrerá.'

Tata Honório continua:

— Muitos são os nomes pelos quais, na África, os diversos povos bantos designam Deus: *Zâmbi, Kalunga, Mulungu, Mukuru, Muvangi, Umbumbi* e outros nomes mais específicos de determinados povos, tais como os Ambundos, Quiocos, Lundas, Congos e outros.

"O banto se preocupa essencialmente com os espíritos, com a magia.

"Os representantes na terra de *Zambiapongo*, criador de tudo, são os *ganga*, sacerdotes.

"O Quimbanda, que tem a função de adivinho em Luanda, é o curandeiro e adivinho das moléstias do povo daqueles lugarejos.

"Benta, minha amiga, entretanto, estes hábitos e costumes bantos foram fortemente influenciados pela união biológica e social de grupos de etnias e raças diferentes aqui no Brasil, provocando uma verdadeira simbiose. A exemplo das outras culturas importadas, o negro também deixou sua marca na música, no andar, no falar, no cantar e na culinária.

Tanto os bantos como os outros grupos negros tiveram que se adaptar social e culturalmente ao novo ambiente — terra, mar, clima, planta e fruto. Um sistema ecológico diverso da Mãe África, tendo, portanto, que empreender nova adaptação ambiental para retirar o sustento da terra: plantio, caça de animais, pesca e outras atividades manufatureiras.

— Mas, como pode o senhor ter recebido esta gama de informações, tendo que ir buscar o pão de cada dia para alimentar a sua família?

— Bem, parece paradoxal, mas a minha vida religiosa nunca interferiu na minha vida profana. Trabalhava durante o dia e a noite, nos dias de folga, lá estávamos cultuando a nossa devoção. Somos produto do meio. Agimos em conformidade com os ditames da sociedade.

— Como assim?

— Hoje, já estou aposentado das minhas tarefas profissionais. Recebo os proventos da aposentadoria social e disponho de mais tempo para prosseguir na missão de evangelização daqueles que me procuram. Há alguns anos, nossa labuta era árdua devido às perseguições aos cultos. Entretanto, para tudo é preciso que haja uma crença.

— Acho..., Honório, você me permite tratá-lo assim?

— Pois, claro, não só pode, como deve. A recíproca é verdadeira, não é, Benta?

— Concordo. Prosseguindo nosso diálogo, acho até mesmo a tarefa que você desempenha mais altruística do que a minha, considerando que a minha eu exerço com liberdade, protegida pelas leis constituídas do país, e você, na verdade, é um fora-da-lei.

"Vim aqui por absoluta necessidade de resolver a minha situação aflitiva, senão não me exporia a um possível constrangimento policial ou mesmo se fosse provocado por uma pessoa amiga contrária a essa prática de religiosidade.

— Está me parecendo que você tem lido muito a respeito dos nossos vexames nos jornais, se bem que vimos exercendo nossa missão espiritual ainda com alguma benevolência das autoridades. Nesses confins dos judas, as autoridades nos permitem, entre aspas, que toquemos nossa missão espiritual. Mas, às vezes, temos notícias de centros que foram inteirinhos, com santos manifestados, tambores e assentamentos, parar no xilindró. Os policiais os levam em fila tocando o bumbo para chamar a atenção dos transeuntes até a delegacia mais próxima. Ao chegar, são levados para o Instituto Médico Legal de Medicina para fazer exame de sanidade mental.

— Não me conte uma coisa dessa Honório, isto não é coisa de país civilizado, pois não?

— As crônicas do Libório do jornal *O Grande Rio* estão repletas de chacotas e de farto material sobre os nossos cultos. É só você ler.

— Talvez, por não estar ligada a este tipo de religião, não me ative às crônicas deste colunista.

— Passe a lê-las que verá a mordacidade e o desrespeito com que trata a nossa religião. Não o vemos chacotear os outros credos.

— A Abolição da Escravatura ainda é bem recente, e algumas pessoas influentes de nossa sociedade não podem incluir-se entre as discriminadoras da cultura do escravo. Sabemos que existem bastante exceções. Até porque temos eminentes homens públicos preocupados com os princípios de igualdade, liberdade e fraternidade para os brasileiros de credo, crença ou religião oriundos de outros países.

— É por aí, Benta. A liberdade de ação de todos os irmãos brasileiros é inquestionável. Nós, aqui mesmo, no terreiro, temos filho-de-santo de epiderme branca, morena e cabocla. Não devemos distinguir nenhum desses filhos, porque o espírito, quando incorpora num aparelho, não escolhe a cor da pele, o que ele pretende é estabelecer um vínculo, a fim de transmitir o seu recado como espírito que é, a um ser terrestre, utilizando como ponte uma matéria. E tem mais, Benta, você quer saber de um fato? É, até certo ponto, motivo de orgulho para os cultos afro termos pessoas de outras culturas abraçando a nossa religião, concordando com a veracidade do trabalho que desenvolvemos.

— Não sei explicar por quê, Tata Honório, mas tenho abrigado e protegido muitos negros que nos chegam à Casa Santa da Matriz. O contingente de negros que nos chegam para serem tratados é considerável, e por mais que se queira ignorá-lo, o problema de integração social do negro está latente diante de nós brasileiros como um todo. É um fato; é uma realidade. E você tem que carecer de sensibilidade para não se tocar. Há alguns meses, fui procurada por uma pessoa da Sociedade de Homens de Cor solicitando a minha adesão a sua causa, à necessidade que estes homens vêem em unir os negros no sentido de conscientizá-los de sua procedência africana, de sua negritude, de sua maneira de se conduzir na sociedade brasileira no após abolição da escravatura.

— Este negro que foi procurá-la não seria o Procópio, o doutor Procópio?

— Parece-me ser este senhor.

— O Procópio é fácil ser identificado. Ele usa sempre um cravo vermelho na lapela do surrado terno preto. É chamado pejorativamente de Dr. Jacarandá. Parece que é ligado à maçonaria. É bode-preto, como dizem. Não é um bacharel em Direito por formação universitária, mas, sim, um zangão, que é uma espécie de preposto do causídico. Ele opera muito nas portas dos xadrezes defendendo ladrões de galinha e prostitutas do Mangue. E, como não poderia deixar de ser, é também um baluarte na defesa dos direitos de liberdade de expressão da cultura negra.

— É, estivemos conversando muito e o Procópio está organizando um Congresso de Cultura Afro-Brasileira a ser realizado, talvez, em Recife, onde se pretende discutir os temas que mais afligem os negros.

— Estiveram aqui no meu *mbazi* alguns dos organizadores do congresso acompanhados de nosso amigo comum, o Procópio, para discutir sobre os temas que serão expostos pelas representações dos outros estados da Federação, e devo embarcar em navio do Loyde, tão logo termine a obrigação do Toninho.

— Bem que gostaria de ser incluída nesta comitiva, porém Toninho ainda estará convalescendo da doença e da obrigação, e, depois, preciso dar mais tempo ao serviço de imunidade da febre espanhola. Você já tem uma pauta dos assuntos que irá tratar?

— Ainda estou elaborando alguns itens referentes às minhas observações aqui em São Mateus. Em princípio, devo levar ao Fórum de Debates minha vivência, não só espiritual, como também social. Benta, caso você tenha uma proposição, eu poderei apresentá-la, o que acha?

— Tenho e vou trazê-las por escrito, com as justificativas que acho plausíveis, e gostaria de incluí-las nas suas. Por que o espanto? O meu posicionamento é social e não religioso, como devem ser as suas propostas.

— A bem da verdade, é bom que se diga, Benta, que o culto, a exemplo de outros segmentos da sociedade, precisa ter o seu próprio cemitério para poder realizar as cerimônias de enterramento de seus cultores, sem o constrangimento do olhar indiscreto de curiosos e, tampouco, sem as colocações maldosas de sacerdotes de outros credos que, obviamente, não apóiam nossas cerimônias e querem impingir as suas convicções religiosas. A contribuição pecuniária destinada a garantir uma aposentadoria futura também será um dos meus questionamentos, tendo em vista a marginalidade em que vivem os sacerdotes afro devido à lei não amparar as suas reivindicações. Por outro lado, devemos acrescentar a falta de representantes oriundos de nossa religião nas Assembléias Estaduais e nas Câmaras Federais, pois os que lá estão não sabem aquilatar as dificuldades dos religiosos africanistas.

* * *

Esta convivência mais estreita com a problemática religiosa dos negros, agora vivenciada no *mbazi* (casa) do Tata

Honório, e o seu recente relacionamento com o Dr. Procópio, colocando para ela toda a gama de informações sobre o papel do negro na sociedade brasileira, somados a sua experiência na Casa Santa da Matriz passaram emoções muito fortes à negra Benta de Jesus.

Desde então, Benta embarcou de corpo e alma na luta em defesa dos movimentos negros, no que se refere ao respeito e à dignidade da pessoa humana de seus companheiros de luta.

Nas Irmandades da Igreja do Rosário, na de Santa Efigênia e São Elesbão, nas de Santo Antônio de Categeró, nas ruas, nos palanques políticos, nos seminários e nos encontros de negros, Benta procurava dar o seu recado, falando de sua vivência e de casos que lhe tinham chegado ao conhecimento.

Assumiu um novo referencial em relação aos terreiros de macumba e no relacionamento com outros militantes negros.

Na verdade, o negro nunca se acomodou com este estado de servidão que a mídia procurou, ao longo dos tempos, lhe emprestar perante a sociedade brasileira; ao contrário, várias foram as suas insurreições na tentativa de conquistar a sua liberdade, sendo a mais conhecida a insurreição federal do Quilombo dos Palmares, na Serra da Barriga, no estado de Alagoas, capitaneada por Zumbi, e não haveria de ser ela uma acomodada que silenciaria diante de tanta injustiça social.

Assim como Zumbi, Dandara e Ganga Zumba, iria procurar clamar pelos sentimentos de liberdade e igualdade social de seu povo marginalizado pelas agruras de um sistema dominante, conservador e reacionário.

7

• • •

Tumba Calunga: o Princípio e o Fim da Vida

No dia seguinte, de madrugada, Toninho foi levado pela camba Kita e pelo Tata Honório para o segundo banho de macaia (ervas), no maiongá (banheiro espiritual). Este ritual ainda se prolongaria por mais sete dias em rigoroso cumprimento da cabala do inquice Cuquete.

Tendo tomado o banho, trocado as vestimentas, retornou à camarinha (acanzalê) para rezar o angorossi (conjunto de orações propiciatórias), acompanhado de outros filhos do terreiro. Ao término das orações banto, que são, na realidade, cânticos lembrando fatos relacionados com os bacuros, foi solicitado pelo tata ao Toninho, novo membro da comunidade, que observasse o cumprimento de submissão dos outros seus irmãos, ele zelador-de-santo, e que procedesse da mesma forma.

Os mais antigos formaram uma fileira diante do tata, por absoluta ordem de feitura de obrigação, e à medida que cada malungo vinha cumprimentar o tata, o malungo estendia o seu pano-da-costa no chão e estirava o corpo ao longo do pano, de modo a apor a cabeça nos pés do tata; ato contínuo, ajoelhava e pegava as duas mãos do tata, que eram beijadas nas palmas. Levantavam e cruzavam os ombros dizendo "Saravá Uendá". Toninho, como era o mais novo do grupo, foi o último a cumprimentar.

Terminado o cerimonial de submissão ao tata, cada malungo foi executar sua tarefa específica. Cada malungo foi executar aquela tarefa em que era tata. Por exemplo, o tata cambonde foi ver as insaba, os tata engoma foram cuidar dos tambores, enquanto as camba foram tratar da culinária, das vestimentas dos inquice e tomar conta do novo irmão-de-santo.

✣ ✣ ✣

Todos os trabalhos de fundamento são realizados durante a noite, talvez por causa da escravidão que exigia o trabalho braçal do negro durante o dia; assim, ele só tinha a noite para adorar seu inquice, que, na verdade, é o seu padroeiro.

A movimentação no acanzalê do tata começara por volta das três horas da manhã, e somente agora, após a execução de inúmeras tarefas, nessa altura do acontecimento, perto das sete horas da manhã, que a cota Kita pôde entrar na camarinha com o café da manhã do malungo Toninho. Pediu que o garoto se sentasse na decisa (esteira), em que ficam deitados, no período de recolhimento espiritual, os iniciantes do credo. Ela iria ensinar como ele deveria proceder para receber o alimento matinal. Ensino que serviria para as refeições da manhã, da tarde e da noite, sempre acompanhadas de rezas no rito banto chamadas de ingorossi.

— Dona Kita, posso começar a comer? — perguntou o menino.

— Não. Primeiro, não é dona Kita como você tem que me tratar aqui dentro do terreiro, e, segundo, eu ainda não lhe expliquei o que deve ser feito.

— Mas, madrinha, eu estou com muita fome.

— Fome, não, a palavra certa é *mzala mukuetu*.

E prosseguiu:

— Nós, agora, enquanto estivermos dentro do terreiro, teremos que abolir o senhorio. Você, agora, é meu irmão-de-santo, portanto, pertencemos ao mesmo hamba. Se nós somos irmãos-de-santo, o nosso tratamento pode ser feito por você. Isto não impede que exista respeito e consideração nas nossas relações religiosas aqui dentro do abaçá e sociais lá fora, principalmente, onde nós moramos. No momento, aqui dentro do acanzalê, sou apenas uma irmã-de-santo sua mais velha e que, pelos anos de feitura coube a mim, abaixo de Zambiapongo, ter sido escolhida para consagrar a sua iniciação dentro dos cultos.

— Então, você... — Este você saiu muito sem graça... pálido..., — é minha irmã-de-santo mais velha? — perguntou o garoto.

— Não sou a mais velha, mas sou uma das mais velhas da casa — continuou. — Assim como os inquices lhe deram o nome de *Kaxinxi*, o nome que os *bacuros* me deram foi Kita. Com o passar dos anos na casa-de-santo e por força das obrigações feitas, eu agora tenho o cargo de *camba*.

O garoto interrompeu:

— Dinda, meu estômago. Eu estou com *mzala mukuetu*.

A *camba* Kita riu e disse:

— Aprendeu bem, moleque — e ajuntou: — Não vou demorar muito explicando. Quando a gente está em obrigação de santo, portanto, deitado na *decisa*, a comida chega e nós nos ajoelhamos, juntamos as mãos espalmadas e, na direção do prato de alimento, batemos palmas em sinal de agradecimento a Zâmbi por nos ter concedido a graça de ter o alimento na mesa.

Kita, então, deu suas ordens:

— Vamos, se ajoelhe e faça como eu estou fazendo... assim... muito bem... pronto, já pode matar sua *mzala mukuetu*.

— Até que enfim, Dinda. Oi, Dinda, não... camba Kita.

— Enquanto você vai saboreando a comida, quero explicar que você já aprendeu o nosso cumprimento religioso, entretanto, é bom esclarecer que quando chegar algum irmão nosso aqui no baquice, você terá que bater palmas junto com ele e, em seguida, tomar a bênção: *mucuiú!* O que será respondido com a mesma palavra *mucuiú*. Mucuiú no Zâmbi somente responde nosso tata-de-inquice Antônio.

"Outro compromisso ritualístico de nossa nação: caso você necessite sair do terreiro, na volta, a primeira coisa a fazer é descansar um pouco para refrescar o corpo, beber água, passar pelas casas onde estão assentados os inquices e bater palmas. Este ritual é feito em silêncio, obviamente sem falar com ninguém. Ao término deste procedimento, você vai procurar pelo tata-de-inquice onde este estiver e o cumprimentará; depois, saudará irmão por irmão.

"Outra coisa que eu quero lhe explicar é sobre o inquice ou bacuro Cafungê. Conta uma de suas lendas que o inquice Quingongo, que é o mesmo que Cafungê, era filho de Lembarenganga, e sua mãe se chamava Querequerê, que é a mesma Nanã dos negros nagô. Logo, Querequerê era dumba de Lembarenganga.

— Madrinha, o que é *dumba*?

— Dumba quer dizer esposa, mulher — e foi explicando. — Pois bem, Cafungê era o filho mais velho deste casal. Ele, igualmente a seu irmão que viria a nascer depois, era defeituoso, horroroso: Cafungê sofria de lepra e por isso vivia sempre escondido em cavernas ou, simbolicamente falando, em pedras furadas. Já o seu irmão nasceu parecido com uma serpente.

— Camba Kita, mas que coisa mais peçonhenta.

— É cassueto Kaxinxi, meu irmão de fé, você verá mais tarde que, por causa desta história, é que o símbolo do irmão de Cafungê, de nome Angorô, é uma cobra jibóia enrolada num tronco de árvore.

Kita pigarreou e contou a lenda:

— O seu pai de cabeça, camutuê, chamado de inquice Cafungê, por ter o corpo coberto de feridas, era cuidado por sua mãe adotiva, inquice Aiocá, que passava azeite-de-dendê em todo o seu corpo para aliviar as dores e as coceiras, e cobria o corpo do filho adotivo com um Azê, que é um capuz de palha-da-costa manufaturado pelos filhos-de-santo deste inquice.

Kita falava como uma tagarela e se via que estava muito feliz em poder transmitir todas aquelas coisas para o seu irmão de camutuê. O inquice que fora colocado no seu camutuê era o mesmo do menino. E continuou tagarelando:

— Ouviu só, meu irmão, por causa de Cafungê ser trôpego, feridento e viver enfurnado em uma caverna é que o seu assentamento procura imitar o inquice. A pedra que lhe é destinada, quando é feito o seu assentamento espiritual, também é ferida como se fosse doente. O recipiente onde é colocada a pedra, chamado cuscuzeiro, também é um alguidar coberto com uma tampa toda furadinha que lembra exatamente as suas pústulas.

— Quer dizer, então, que cada inquice é assentado de acordo com a sua história, camba Kita?

— Acertou. Tudo o que nós fazemos é baseado numa lenda que nos foi repassada pelos nossos antepassados ao longo de séculos e séculos. Deixe eu continuar que ainda tem mais detalhes: O nosso tata-de-camutuê, isto é, o inquice dono das nossas cabeças, vivia nas cavernas e se alimentava de doburu, comida conhecida como sendo de flores preparadas com milho e alho torrado na areia quente; aberem, feito com milho cozido enrolado em folha de bananeira; latipá, preparado com fubá de milho e mostarda; caranguejo, bode, porco, galo e galinha-de-angola. Usava um cajado de madeira para ajudar na sua caminhada trôpega e encurvada. Carregava um cetro e uma lança de gancho nas mãos. O cetro é sinal de sua dignidade de rei, de poder e de riqueza. Quanto à lança de gancho, era para ajudá-lo a cavar a cova dos enfermos de que tratava quando se encontravam do lado oposto de Zâmbi, segundo a lenda da criação do mundo dos bantos, isto é, eles morriam.

— Dinda, nosso Tata Cuquete era um grande sofredor. Puxa!

— Justamente por ter sofrido tanto é que ele fez um juramento à sua mãe *Querequerê* de tratar da peste e da morte de todos aqueles que fossem portadores de moléstias de pele. Deixa eu lhe passar mais informações, meu irmão — atalhou Kita: — Cafungê, que é o mesmo orixá Omolu dos nagôs, foi sincretizado no Brasil como São Roque, que os católicos veneram no dia 16 de agosto de cada ano, devido a ele andar sempre acompanhado de um cão que, lambendo as chagas do amo, amenizava os seus sofrimentos. Nos candomblés de origem angolana e congolesa, é servida a mesa dos cachorros, na qual são colocadas numa esteira todas as comidas prediletas do inquice. Mas, deixa eu falar um pouco mais.

"Existem mais fundamentos rituais: ocorre que como Cuquete está relacionado com a morte, contam, ainda, que, quando uma pessoa está muito enferma e o médium vidente vê Cuquete na cabeceira do enfermo, quer dizer que o doente sobreviverá e, ao contrário, se o vê nos pés do enfermo, ele morrerá.

— Puxa, Dinda Kita, o nosso tata é terrível!

— É verdade, todas essas histórias nós poderemos chamar de quizila, teremos que ter muito cuidado com o bacuro de Umbanda, principalmente, nós, que somos filhos diretos dele.

Kita prossegue nas suas explicações:

— Você entendeu por que é um protegido deste inquice? É porque você está sofrendo do mesmo mal que ele sofreu. Ele só o está protegendo, querendo que você se lembre dele também. É muito difícil a manifestação deste bacuro. Ele só desce mesmo em casos especiais para avisar, por meio de mímica, sobre uma doença ou uma morte. Não sendo isso, ele fica no espaço cósmico.

"Meu afilhado, descanse um pouquinho agora. Também estou vendo que sua febre baixou, o seu apetite está voltando e nós vamos preparar um almoço bem gostoso para você comer.

— Dinda, se for igual ao café, eu vou me babar todo.

— Nós procuramos manter o mesmo tipo de alimentação relacionada com a cultura banto — e continuou: — A gronga, em geral, é preparada com canjica branca ou canjica de milho branco, sagu, tapioca, batata-doce e aipim cozido. O cará ou inhame miúdo é quizila para nós que somos filhos de Cuquete. Jamais devemos comer carne de carneiro, peixe de água doce, de pele lisa, banana-prata, jaca, melão, abóbora e frutos de plantas trepadeiras.

— Quizila e tabu são as mesmas coisas, não é, Dinda?

— Sim, meu filho. São impedimentos rituais aos quais devemos nos subordinar. Olhe, deixe eu tratar de outras coisas, mas logo voltarei para ver como está passando o meu afilhado — e voltou para acrescentar: — Meu filho, ia esquecendo, se tiver alguma precisão ou necessidade física, bata palmas.

— Já sei bater paó, Kita de Mutalambô.

8

• • •

O Decá e Seus Titulares: Tata Opongô e a Ginja

— **B**enta, me desculpe não ter podido dar mais atenção à *mona* — falou Pai Honório, no que ouviu de Benta:

— Eu estou vendo qual é a sua lida. Todos os passos dados requerem um grande e demorado ritual, com cantorias, rezas e referências tribais.

— Ainda bem que você mesmo está vendo. Somente muito amor aos santos é que nos faz continuar nesta luta pela preservação de nossa cultura.

— O Toninho ainda demora aqui em obrigação?

— De acordo com os nossos costumes, neste tipo de preceito ritualístico, são sete os dias de deitada. Três dias ele passará deitado na esteira dentro da camarinha; os quatro dias restantes, ele poderá dar suas voltinhas pelo baquice, mas ainda pernoitando na camarinha.

— Preciso ir até minha casa para ver como estão as coisas por lá. Vou aproveitar e passar na Casa Santa da Matriz para saber se estão precisando de mim. Se pegar o trem no horário, subo hoje mesmo para ficar com o Toninho.

— Olhe, Benta, me parece que o garoto teve melhoras, pelo menos aquele febrão foi embora; só resta secar as feridas; disto você poderá tratar com maestria quando estiverem em casa. Por favor — suplicando, prossegue — tenha um pouco de paciência. Ouça-me. Acho importante você ficar sabendo de tudo o que se passa em torno de nosso ambiente religioso.

— Tá bem... Tá bem. Fale, homem. Sou toda ouvidos.

— Aliás, quero que saiba que os mais antigos da seita afirmam que quando você tem o dever de cumprir uma missão espiritual, ao iniciá-la, você não deve abandoná-la, sob pena de estar incorrendo em grave descumprimento da missão, o que, de certo modo, o deixará sem a energia cósmica positiva suficiente para neutralizar o seu universo de negatividade.

Daí, ao ser iniciado na lei do santé, o neófito tem que comer uma quarta parte do fruto africano conhecido no meio como obi, cuja finalidade é alimentar a sua cabeça, o seu camutuê. As outras três partes restantes do obi pertencem, cada uma delas, às pessoas envolvidas na sua iniciação: o tata-de-inquice, a madrinha e o padrinho.

"De acordo com o costume, neste momento, o iniciado receberá de Zâmbi por meio do jogo de cauris, Zimbos, o nome pelo qual será conhecido dentro da lei do santo, isto é, sua suna ou dijina.

"O fruto obi é composto de quatro gomos exatos feitos pela mãe natureza.

"Por questões rituais, o iniciado terá que oferecer uma quarta parte do fruto anualmente à cabeça, fechando o ciclo em quatro anos, o que corresponde a um obi inteiro.

"Na nação banto, uma das mais exigentes em termos de elaboração ritualística, seus dogmas determinam que o iniciado terá que comer sete obis, completos, fechando e abrindo o ciclo das fases lunares que governam a Terra, de acordo com a história da formação do mundo banto já nossa conhecida, cujo resultado fica assim demonstrado pela cabala lunar:

- ¼ de obi para cada ano = 1 obi inteiro = 4 anos.

- 4 anos x 7 obis = 28 anos = 2 + 8 = 10 – 9 = 1
- Princípio = 1.

"O iniciado, ao fechar o ciclo das obrigações, passará a ser chamado de tata Opongo e a mulher, de Ginja. Cumprido todo o ciclo estará apto, pela dádiva suprema das leis do santé, ao exercício de sua missão espiritual.

"O tata Opongo ou a Ginja, no momento em que receberem esta honraria, serão agraciados com o decá, espécie de titularidade conferida ao iniciado que completou toda a hierarquia ritual no Culto Angola.

"O título é concedido pelos longos anos de aprendizado vividos, cantando, dançando, ouvindo e falando sobre os preceitos do culto, o saber da tradição oral do santé e, conseqüentemente, o compromisso de botar o seu próprio terreiro, a fim de ir ao socorro dos que necessitam de cuidados espirituais.

"O primeiro passo a ser dado é a escolha do terreno, com a devida aprovação do inquice determinante de seu compromisso com o santé: Vovó Conga? Caboclo das Sete Encruzilhadas? Depois, vem a construção em si do barracão e dos locais que irão compor o conjunto sagrado do *Mbazi*."

Formação de um terreiro

A construção do conjunto residencial onde funcionará o candomblé, variará, em função da disposição dos quartos, do terreiro, da matéria-prima utilizada e, evidentemente, do poder aquisitivo de seus membros. Alguns conjuntos são constituídos de toscas construções; outras, de cimento e tijolos; porém, todas obedecem ao esquema geral de um terreiro:

a) local onde possam dançar os inquices, as muzenzas, as sambas e os tatas;

b) um lugar reservado à orquestra, com engomas, macumbas e chocalhos;

| Maiongá | 12 | Casa do Caboclo |
| | 14 | |

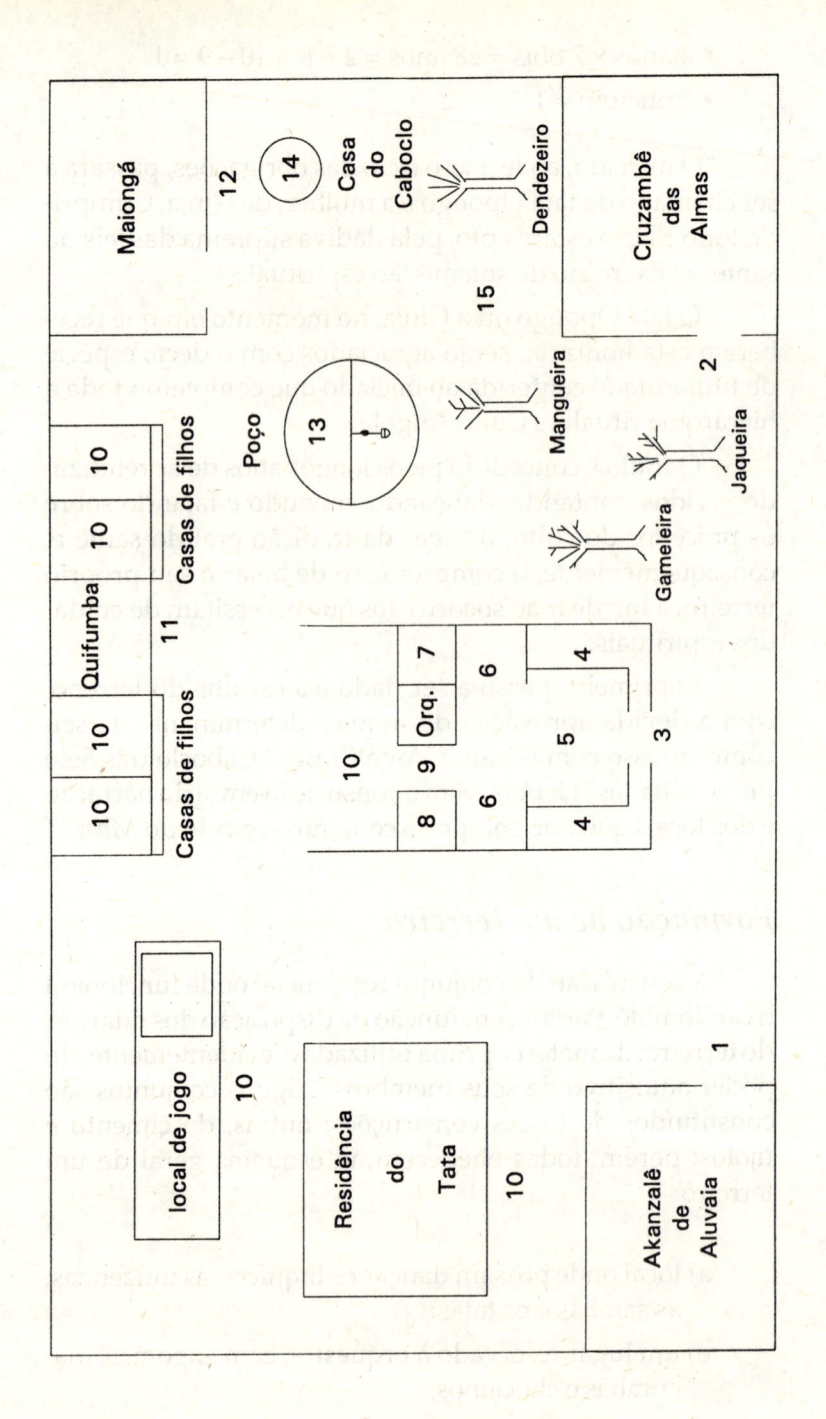

Dendezeiro

Cruzambê das Almas

Poço
13
15

Mangueira

Jaqueira

Casas de filhos		
10	10	
	10	
	11	Quifumba

Gameleira

| 7 |
| 6 | Orq. |
| 4 | |

Casas de filhos		
10	10	
	10	3

8	9
6	
4	

local de jogo

1

10

Residência do Tata

10

Akanzalê de Aluvaia

c) local destacado com cadeiras de braços para xicarangome e autoridades convidadas;

d) lugar para os altares dos bacuros de Umbanda, Aluvaiá, Bombogira, Cruzambê e os chamados inquices de Tempo; e, por fim,

e) a residência do dirigente do culto e outras construções destinadas aos filhos que dependem financeiramente do terreiro.

Demonstrativo do quadro da página 64

Terreno — todo espaço físico onde estão distribuídas as figuras.

Figura n° 1 — **acanzalê ou Casa de Aluvaiá ou Bombogira**

a) Sempre situada do lado esquerdo de quem entra no terreno;

b) morada dos elementares, macho e fêmea, designados para guardiães do terreiro.

Figura n° 2 — **Cruzambê das Almas**

a) Sempre situada do lado direito de quem entra no terreno;

b) deve sempre ser pintada, por dentro e por fora, na cor branca;

c) o interior deve ser de terra batida, contendo enterrado um símbolo representativo do mane que dá perpetuidade ao terreiro;

d) sobre o símbolo representativo do mane, construir um altar de mármore branco com três degraus, colocando em cima uma cruz de madeira;

e) é destinado para acender velas e oferecer o mingau das almas, entre outros oferecimentos, principalmente, dos filhos da casa.

Figura nº 3 — **Porta de entrada** para o terreno e o barracão.

Figura nº 4 — Lugar reservado à assistência das funções de culto.

Figura nº 5 — **Barracão também chamado terreiro.**

Os originais eram construídos dentro de matas fechadas, ao ar livre, em terra batida, ritualmente preparados com água salgada e vassourinhas de Aluvaiá.

Hoje, pelo avanço científico, pelo temor de contaminação de doenças em geral e também por estritas medidas higiênicas, essas práticas de raiz dos cultos africanos estão sendo substituídas por práticas mais de acordo com a ciência moderna.

Figura nº 6 — Lugar reservado aos convidados e aos tocadores do candomblé.

Figura nº 7 — Gongá do inquice Zaze, contendo seus assentamentos e apetrechos rituais.

Figura nº 8 — Gongá do inquice, Lembarenganga ou Lemba Di Lê.

Figura nº 9 — Corredor para comunicação com o interior do barracão.

Figura nº 10 — Demais dependências do barracão, assim como: Camarinha — Sanitários — Dormitórios — Local de Jogo — Residência do tata e casa dos filhos-de-santo.

Figura nº 11 — Local onde são preparadas as comidas dos inquices pelas cotas e sambas.

Figura nº 12 — **Maiongá**

Banheiro de terra batida e sem cobertura, isto é, ao ar livre, destinado ao banho de purificação dos filhos da casa.

Figura nº 13 — Poço para dar suporte às obrigações de fundamento do terreiro.

Figura nº 14 — **Casa ou Assentamento de Caboclo**
Palhoça de sapé em forma de oca de índio, com o solo recoberto de areia do mar, flechas, botoques, penachos e outros instrumentos rituais utilizados pelos caboclos capangueiros e boiadeiros.

Figura nº 15 — **Arvoredos e plantas sagradas usadas em funções ritualísticas:**

Dendezeiro — relacionado com o jogo de búzios;

Gameleira — relacionada com o inquice Zaze;

Mangueira — relacionada com o inquice Congobira. Servem suas folhas para descarrego do terreiro durante a sessão, depois são despachadas por meio de ritual próprio;

Jaqueira — relacionada com o inquice Matamba. Ao pé do arvoredo, são realizadas as mujimbas, para o descarrego e a limpeza de corpo dos filhos.

Inquices ou Bacuros de Umbanda

Sincretismo Religioso

Dentro deste universo cultural, poderíamos dizer, por extensão, dentro dessa pequena África, apesar de todos os entraves possíveis e imagináveis, que ainda são realizados cultos aos inquices a seguir relacionados, que os negros identificaram com os santos da igreja católica — sincretismo —, na sua estratégia de preservação do único bem que ainda lhes restava da sua brusca retirada do solo pátrio.

Santos	Inquices
Santo Antônio	Roximucúmbi
São Jorge	Canjira — Sumbo Mucumbe
São Sebastião	Matalambô; Tauamim; Congobira
São Lourenço	Tembu ou *Tempo*
São Benedito	Catendê
São Bartolomeu	Angorô; Angoroméa
São Roque; São Lázaro	Burungunça — Cuquete — Quingongo
São Brás e São Sebastião	Cavungo
Nossa Senhora de Santana	Querequerê
Nossa Senhora da Conceição	Dandalunda — Micaia — Aiocá e Caiala
Nossa Senhora da Glória	
Nossa Senhora das Candeias	
Cosme e Damião	Vunjé — Caculu — Cabasa
Nossa Senhora da Conceição	Kicimbe — Kamba Lasinda
Santa Bárbara	Bamburucema — Matamba
São Pedro — São João	Jambancuri — Zaze
São Jerônimo	Cambaranguaje — Quibuco
Nosso Senhor do Bonfim	Lemba Dilê — Lembarenganga
Nosso Senhor Jesus Cristo	
Deus	Zâmbiapongo — Zambirá Apongá

Apêndices

Memorial do Povo de Angola

O que se pretende ao efetuar este sucinto registro nominal de *tatas, mametos, kotas e xicarangomes* é homenagear aquelas intrépidas pessoas envolvidas no processo de legitimação da religião afro-brasileira, constituída, no início, de forma ilegal durante a vigência da escravatura e que se vem arrastando ao longo de 500 anos de entrevero do negro na sociedade brasileira, respeitando, de certo modo, a sua luta desesperada em busca da preservação de sua cultura e de seus costumes.

Ditos locais e pessoas, guardadas as devidas proporções, eram verdadeiras fortalezas de resistência nas trincheiras pela luta, visando à manutenção dos costumes do povo africano.

Apesar da mesclagem das culturas fon, ioruba e banto, ainda se pode dizer que a sobrevivência dos costumes alimentares-lingüísticos do negro pode ser encontrada, com alguma fidelidade, nestes focos de resistência cultural — terreiros.

Independentemente do registro natural dessas verdadeiras fortalezas preservativas em que se constituíram os terreiros, há que se louvar toda a intrepidez de seus líderes religiosos, devido às condições inóspitas que lhes impunha a sociedade emergente da época.

Ritual Angola

Culto fiel às origens africanas, sem a influência de outros rituais, considerado pelos professantes como autêntico.

Ritual Angolão

Culto praticado simultaneamente com outras formas de manifestações espirituais, tais como:

→ Culto Angola + Culto de Cabalo;
→ Culto Angola + Culto das Almas (Pretos-Velhos);
→ Culto Angola + Culto Queto e;
→ Culto Angola + Culto Jurema (Zé Pelintra).

Fortaleza de Resistência Cultural

Bahia

Almiro Miguel Ferreira
Xicarangome do Terreiro Viva Deus
Salvador

Antonieta do Nascimento
Mameto Ti Inkice Mutalambô
Beiru/Salvador

Antônio dos Santos Ferreira
Tata Ti Inkice Babalu de Oxóssi Mutalambô
Salvador

Edith Apolinária de Santana
Mameto Ti Inquice Samba Diamongo
Pirajá/Salvador

Flaviana Biachi
Salvador

Joel Lourenço do Espírito Santo
Xicarangome do Terreiro
Otávio da Ilha Amarela/Salvador

Mãe Mariazinha de
Ogun Peixe Marinho
Água dos Meninos/Salvador

Manoel Bernardino da Paixão
Bernardino *Bate-Folha*
Mata Escura do Retiro/Salvador

Manoel Circuncisão do Amaral
Manoelzinho de *Oxóssi Cambambe*
Terreiro *Tumba Juçara*
Beiru/Salvador

Manoel Ciriaco de Jesus
Engenho Velho de Cima/Salvador

Manoel Rufino
Ganga da Nação Congo
Salvador

Maria Genoveva do Bonfim
Mameto Ti Inquiciane Maria Nenêm
Salvador

Maria José de Oxalá
Nêngua Ti Inkice Deré Lubidi
Vila América/Salvador

Maria das Mercês Correia
Terreiro *Lembarenganga*
Salvador

Roberto Barros Reis
Tata Ti Inkice
Salvador

Rio de Janeiro

Jair dos Reis Lima
Abassa de Mikewala de Oxóssi
Belford Roxo

João Alves Torres Filho ou Joãozinho da Goméa
Rei do Candomblé intitulado por Elizabeth,
Princesa de Gales da Inglaterra
João do Caboclo Pedra Preta
Bairro dos Cavalheiros/Duque de Caxias

João Lessengue
Ganga nação de Congo *Bate-Folha*
Anchieta/Rio de Janeiro

José Ribeiro de Souza
Tata Ti Inkice do

Palácio de Iyansan Egun-Nitá
Jacarepaguá/Rio de Janeiro

Lázaro de Oliveira
Abassa Kingongo de Anzambê
Coelho da Rocha/Rio

Rubens de Oliveira
Akanzalé Darroméia
Bairro da Posse/Nova Iguaçu

Ritual Omolocô

Culto surgido, principalmente, no eixo Rio de Janeiro-São Paulo-Espírito Santo-Minas Gerais, talvez, devido à maior concentração de negros procedentes de Angola.

O culto ficou conhecido neste eixo cultural pelo verbete iorubano *omolokô*, que significa:

- Omo = filho;
- li = é ou está;
- oko = fazenda ou orixá oko, ou seja,
  [1] filha de fazenda ou filho de terreiro;
  [2] filho do orixá oko, que é o protetor da fazenda.

Fortaleza de Resistência Cultural

Minas Gerais

Antônio Pereira Camelo
Tenda Espírita de Umbanda Afro-Brasileira
Nossa Senhora do Rosário
Bairro da Graça/Belo Horizonte

Delfina G. A. Silva
Casa de Oxalá
Uberlândia

Gilbens Nascimento de Oliveira
Presidente da Associação Religiosa
de Cultos Afro-Brasileiros
Belo Horizonte

Marlene da Conceição Minguelli
Centro Espírita Discípulos do Pai Eterno
Belo Horizonte

Nilton Santos Rocha
Abassa de Omulu
Uberlândia

Nelson Mateus Nogueira
Presidente da Federação Espírita Umbandista
Centro/Belo Horizonte

Rio de Janeiro

Adelina Marques
Tia Doca
Belford Roxo/Rio

Benedito Espírito Mau
Madureira/Rio de Janeiro

Cândido Ananias
Abassa de Ogum Mêgê/Niterói

Consuelo Guimarães Castañeda
Camba Consuelo *Ty Iyadoni*
Ilha do Governador/Rio de Janeiro

Estanislao Cabral
Abassa de Omulu
Campo Grande/Rio de Janeiro

Hildebrando Peixoto
Tenda Espírita *Oxalobi*
Honório Gurgel/Rio de Janeiro

Irênio Valle dos Santos
Associação de Folias de Reis
Jacarepaguá/Rio de Janeiro

José dos Santos Amaral
Ole de Umbanda Baba Oxalufan
Coelho Neto/Rio

Jucélia Ferreira dos Santos
Tenda Espírita *Ogum Mêgê* e Vovó Cambinda
Niterói

Mamede José D'Ávila
Tenda Espírita Três Reis de Umbanda
Cachambi/Rio de Janeiro

Maurício Cacheado de
Xangô Zambara Sem Camisa
Piedade/Rio de Janeiro

Sebastiana Lucas Coelho
Centro Espírita Caboclo Urubatão
Barra do Piraí

Tancredo da Silva Pinto ou Paizinho
Tata Ti Inkice de Oxóssi
Estácio/Rio de Janeiro

Ritual de Umbanda

Culto de origem africana com raiz fundamental dos Bantos, já que o culto sofre influência de todas as culturas aportadas. Entretanto, a repressão policial fez com que surgisse uma umbanda sincretizada, cognominada Umbanda Branca, capitaneada por Zélio de Moraes do Caboclo das Sete Encruzilhadas.

Fortaleza de Resistência Cultural

Rio de Janeiro

Celso Rosa — Decelso
Rosa de Iemanjá
Guadalupe/Rio de Janeiro

Floriano Manoel da Fonseca
Presidente da ALUERJ
Grajaú/Rio de Janeiro

Martinho Mendes Ferreira
Tubixaba dos Encantados
Congregação Espírita — Centro/Rio de Janeiro

Orlando Pimentel
Centro Caboclo Cobra-Coral
Pavuna/Rio de Janeiro

Zélio de Moraes
Tenda Espírita Nossa Senhora da Guia
Centro/Rio de Janeiro

São Paulo

Hilton de Paiva Tupinambá
Supremo Órgão de Umbanda
Itaquera/São Paulo

Mestre Xaman de Xangô
Tenda Umbandista Caboclo Tumiaru
São Paulo

Norma de Matamba
Templo de Umbanda Cacique Pena Branca
Jardim Brasil/São Paulo

● ● ●

Glossário

Este glossário tem por finalidade precípua auxiliar os estudiosos da cultura banto, desejosos de ampliar o universo de suas pesquisas.

Partindo desta premissa, este foi elaborado com palavras de origem banta grafadas conforme registro existente em dicionários brasileiros da língua portuguesa.

Foram incluídos também verbetes falados dentro do culto banto e verbetes extraídos de outras fontes de consulta consideradas fidedignas embora não tenha sido encontrado qualquer registro dos mesmos em dicionários brasileiros da língua portuguesa.

A

ABISSÍNIOS ou ETÍOPES — 1. Natural da Abissínia (África). Hoje, Etiópia. 2. Existem cerca de 70 línguas faladas, entre elas, a língua hebraica. 3. Capital: Adis-Abeba. 4. Há referências de que este povo veio escravizado aqui para o Brasil.

AÇA ou AÇO — 1. Albino. 2. Bastão de ouro ou prata que o pregador leva quando sobe ao púlpito no templo de Meca.

ACHANTI — Povo negro da guiné setentrional (África), pertencente à Achantia. Possui civilização avançada; agricultura; mineralogia (ouro, prata etc.).

ACANZALÊ — Barracão de candomblé, na Nação Angola.

ADUFE — 1. Espécie de pandeiro quadrado, sem soalhas, feito de madeira leve e com pele retesada dos dois lados (palavra de origem árabe *Adduff*). 2. Pandeiro (PINTO, 1950, p.71).

AFA — Morte.

AGUXÓ — Espécie de legume.

AIUCÁ — 1. O fundo do mar para o folclore baiano. O mesmo que *Arucá* ou *Aiocá*. 2. Inquice ou bacuro ou Calundu relacionado com Iemanjá dos nagôs (CARNEIRO, 1961, p.91). 3. *Aiocá*: é a Rainha do Fundo do Mar. Dentro do sincretismo religioso brasileiro, DADA-LUNDA, MICAIÁ, JANAÍNA, AIOCÁ, INAÊ, ARUCA, MUCUNÃ, CAIALA, CALUNGA são os nomes como é conhecida a Rainha do Mar, pelos bantos. IEMANJÁ e MARABÔ são nomes vinculados à cultura nagô. Na umbanda, simplesmente como Sereia.

É o espírito que domina as águas e vem da Lua. É a Mãe dos Peixes e, junto com OBA OLOKUN, Rei dos Mares, governa as coisas vinculadas aos mares. Assim, todo o cerimonial do seu culto está relacionado com o mar, sua dança, seus cantos e seus presentes.

Mais uma vez, realizou-se às margens da Lagoa da Pampulha, a festa em louvor a Iemanjá, sob a coordenação religiosa do tata Tancredo da Silva Pinto.

A primeira festividade de entrega de presentes para Iemanjá foi realizada, na Pampulha, em 1954. Portanto, há 44 anos que anualmente os devotos de Iemanjá vêm realizando esta festa.

Estiveram reunidos Centros Espíritas, Candomblés de várias nações, sem contar a grande massa popular que acorreu ao local para prestigiar a festa.

O tata-de-inquice Tancredo da Silva Pinto, idealizador e realizador indispensável desta festa, todos os anos, chegou ao palanque armado para as autoridades civis e militares, numa caravana composta pelo Presidente da Federação Espírita Umbandista do Estado de Minas Gerais, Sr. Nélson Mateus Nogueira; pelo Presidente da Confederação Espiritualista Umbandista de Cultos Afro-Brasileiros, Dr. Antônio Pereira Camelo; pelo Presidente da Fraternidade para Estudos e Práticas Mediúnicas, Dr. Wamy Guimarães; pelo Secretário Municipal de Turismo, Dr. Juarez Bahia; pelo Presidente da União da Associação Religiosa de Cultos Afro-Brasileiros e jornalista do *Jornal de Minas*, Dr. Gilbens Nascimento; pelo Coordenador do

Seminário da Sociedade Instituto Sanatório Espiritual do Brasil, Prof. Ornato José da Silva; pelo Secretário do Conselho Deliberativo da Congregação Espírita Umbandista do Brasil, Sr. Mamede José D'Ávila; por uma representação da Tenda Espírita Três Reis de Umbanda, da cidade do Rio de Janeiro, chefiada pelo jornalista Henoch Carvalho; pelo Major-Chefe do Policiamento da cidade de Belo Horizonte, o jornalista Carlos Felipe, do *Jornal do Estado de Minas Gerais*, e muitas outras autoridades dirigentes de terreiros.

A caravana composta de muitos carros chegou à Pampulha por volta das 20 horas, sendo precedida de batedores do Betran, que, com o seu zumbido ensurdecedor, em vez de molestar os presentes, mais parecia o ZUELAR de tambores que, unido às palmas do público presente, dava um toque apoteótico à chegada do grande incentivador dos cultos LUNDA QUIOCOS, no Brasil, Tancredo da Silva Pinto.

Com a presença de autoridades civis e militares, deu-se início à solenidade alusiva à 20ª Festa de Entrega de Presentes à IYALOXÁ, que é a Deusa dos Lagos, para serem levados através dos rios a Iemanjá.

Este artifício foi encontrado pelo tata Tancredo, tendo em vista os umbandistas do estado de Minas Gerais desejarem realizar este tipo de festividade, mas não encontrarem fundamentos religiosos para tal, considerando o estado não ser banhado por mar.

Ao som da cantiga *Nanguê Nangá Nanguê Nangá, o que me dão para levar para Janaína no fundo do mar*, um lindo barco pintado nas cores azul e branca, medindo cinco metros de comprimento por dois de altura, era puxado por filhos-de-santo do tata, carregado de presentes para a Princesa Janaína. Seus presentes são coisas relacionadas com a faceirice das mulheres: flores (rosa cor-de-rosa), pentes, espelhos, pó-de-arroz, laços de fitas, perfumes, anéis, pulseiras, colares e sabonetes.

Os puxadores do barco, quando retornaram do meio do Lago da Pampulha, voltaram com um pote cheio de água e areia retirados de seu fundo e vinham cantando uma outra cantiga pertencente ao rito do seu culto: "Aiocá é a senhora do Alto-mar, Aiocá é a senhora do Alto-mar. Eu dou-lhe prata para guardar, me dê ouro para gastar."

Foram proferidas muitas palavras em louvor a Iemanjá pelos promotores da festividade. Oportunidade em que foi entregue ao tata Tancredo a Bandeira do OMOLOCÔ.

A Bandeira do OMOLOCÔ entregue ao tata Tancredo foi motivo de pesquisa bastante minuciosa feita pelo irmão, belorizontino, Dr. Antônio Pereira Camelo, que, no afã de dissipar todas as dúvidas existentes com referência a este culto, quase extinto no Brasil, esteve em viagem particular e cultural à África, baseando suas pesquisas por diversos países, como Angola, Chade, Senegal, Guiné e Costa do Marfim, trazendo de lá, por sugestão de um tata Zambura da Guiné, a bandeira do OMOLOCÔ para ser entregue ao tata Tancredo da Silva Pinto.

A bandeira é toda verde-garrafa, com o desenho de uma pena branca no centro e uma linha longitudinal branca partindo do canto esquerdo superior para o canto direito inferior da bandeira. Sua medida aproximada é de 50 x 50cm de comprimento e largura.
Por iniciativa muito oportuna e brilhante dos líderes religiosos de Belo Horizonte, foi institucionalizado o dia 10 de agosto como o dia consagrado à NAÇÃO OMOLOCÔ, em decisão pública que contou com a aprovação unânime e calorosa de todo o público que compareceu à Pampulha.
A ATA referente à consagração do DIA DA NAÇÃO OMOLOCÔ foi elaborada em reunião realizada na Rua Conde D'Eu, nº 422, bairro Vera Cruz, Belo Horizonte, na sede da Fraternidade para Estudos e Práticas Mediúnicas, presidida pelo Dr. Wamy Guimarães, Okala de Xangô e filho-de-santo do tata Tancredo.
O pavilhão representativo da SEITA OMOLOCÔ acha-se em exposição na Tenda Espírita Três Reis de Umbanda, na Rua Basílio de Brito, nº 43, Cachambi, Rio de Janeiro.

ALUÁ — 1. Bebida feita de arroz cozido, açúcar e sumo de limão. Também pode ser feita de milho; palavra originária do quimbundo UALÁA (MENDONÇA, 1973, p.111). 2. A verdadeira bebida do culto é o *Aluá*. Prepara-se com milho, fubá de arroz ou outra substância que dê fermentação. É queimado para dar cor, havendo o *Aluá* branco e o escuro. O *Aluá* contém gengibre e rapadura, que lhe dá um sabor especial. (PINTO, 1950, p.76).

ALUVAIÁ — 1. Cântico para despachar Exu no início dos trabalhos mediúnicos, nas nações Angola, Congo: "Sai-te daqui, *Aluvaiá* que aqui não é teu lugar..." (CARNEIRO, 1961, p.84).

AMACI — Líquido resultante do sumo das ervas socadas, em pilão, ou quinadas nas mãos, e usadas na cabeça do iniciante para provocar a chegada do orixá na cultura banto.

AMAZI — 1. Água (CEAO, 1981, p.85).

AMBROZÓ — 1. Comida feita de farinha de milho, azeite-de-dendê, pimenta e outros temperos. (MENDONÇA, 1973, p.112).

AMBUNDO — 1. O mesmo que quimbundo. Originário do *Mbunda*. (MENDONÇA, 1973, p.112). 2. *Conquistador, palavra oriunda do verbo Kukunda*. Também são considerados como os povos de Angola. Angola é uma desinência para chamar vulgarmente os *Ambundo*. (SILVA, 1983, p.121).

ANA PASA — 1. Um dos gêmeos. Os dois gêmeos chamam-se *Muana-Pasa* (SILVA, 1983, p.121).

ANANSI — 1. Aranha (MENDONÇA, 1973, p.88).

ANGANA — 1. Tratamento que os escravos davam à senhora. Provém do quimbundo *Nganna*. (MENDONÇA, 1973, p.112).

ANGOLA — 1. *Angola-Munjola*. Nação que existe dentro de Angola (CEAO, 1981, p.36).

79

ANGORÔ — 1. *Inquice* ou *bacuro* relacionado com o orixá Oxumarê do nagô (CEAO, 1981, p.83). (CARNEIRO, 1961, p.88).

ANGORÔ — Inquice dos bantos. A parte feminina deste INQUICE para os bantos é ANGOROMÉIA. Estes dois INQUICES, ANGORÔ e ANGOROMÉIA, correspondem à BESSÉM de cultura Jeje e OXUMARÉ de cultura Nagô. Tanto para a cultura Jeje como para a cultura Nagô, este orixá ou vodum tem a parte feminina e a parte masculina.

O totem ou o clã da serpente dos Jêjes daomeneanos constitui a base do culto vodu — A SERPENTE SAGRADA. Poderíamos dizer, por extensão, tratar-se, mitologicamente, do culto à BESSÉM, ora cultuado nos candomblés brasileiros de origem Jeje.

Para o estudioso deste culto, qualquer pesquisa de campo que queira iniciar, deverá ser começada na Bahia, no Brasil, que foi o estado brasileiro que mais importou, na época da escravidão, negros animistas e ou berberizados, precedentes do Dahomei, hoje Benin (IBIN NIN), de onde o culto à serpente é originário.

Ainda, como ilustração, o negro daomeano chegou em tal quantidade à Bahia, que Frazier a denominou de Nova Guiné, pois a densidade da população baiana, naquela época, alcançava a média de 19 negros para um branco.

Apesar de se ter muito pouco conhecimento, no Brasil, da existência do culto à serpente — ORDANHDÔ, ele deve existir, a exemplo do conhecido em outras partes da América Latina, mas, talvez, com outra desinência, o que em si só encerra um ótimo aspecto para o pesquisador do assunto. Reforçamos nossas considerações, acrescentando o fato de a roupagem da preta baiana, com seu turbante, seu xale e o seu dengue. Tudo isto demonstra, nitidamente, as influências daquele povo berbere, na formação étnica do negro brasileiro.

Não só os jejes nagôs trouxeram e deixaram entre nós seus cultos, mas também os bantos e, mais precisamente, os negros de procedência angolana — esses em maior número no Estado do Rio de Janeiro, onde havia, na época do tráfico de escravos, a proporção de 660 mil africanos para 37 mil brancos — nos influenciaram com seus totens à lebre; ao bisão; ao urso etc. Daí o surgimento dos ranchos, das escolas de samba, dos ternos baianos, dos frevos e maracatus pernambucanos, das pastorinhas, dos divinos, que nada mais são do que uma reminiscência inconsciente do totemismo africano.

A ACULTURAÇÃO diluiu os caracteres intrínsecos e extrínsecos desses totens, tirando a sua real significação dentro do contexto cultural de onde foram retirados. Por isso, para uma melhor conscientização do problema deste sincretismo mitológico no Brasil, temos que partir para um trabalho de campo junto às culturas africanas em sua origem; em muito contribuiria para este estudo cultural a ajuda das Embaixadas Africanas no Brasil.

ANGOROMÉIA — *Inquice* ou *bacuro* ou *calundu* derivado de *An-*

gorô. O mesmo que *Oxumarê* nagô. (CARNEIRO, 1961, p.88).

ANGOROSSI — 1. Reza também chamada ingorossi cantada nas obrigações do culto Angola.

ANGU — 1. Massa feita de fubá de milho ou mandioca. (MENDONÇA, 1973, p.112).

ANGURUCEMA — 1. *Iansã*. O mesmo que *Caiango* e *Matambe*. (CEAO, 1981, p.36).

ANGURUCEMANVULA — Corresponde ao orixá *Iansã* dos nagôs. Também conhecida com o nome de *Anvula*. (CEAO, 1981, p.41).

ANGUZÔ — 1. Comida de ervas que se come com angu. (MENDONÇA, 1973, p.112).

ANVULA — Corresponde ao orixá *Iansã* dos nagôs. Também conhecida com o nome de *Angurucemanvula* (CEAO, 1981, p.41).

ARINGA — 1. Campo fortificado entre os negros na África. (MENDONÇA, 1973, p.113).

ARREBATE — 1. Toque especial para *Zaze*. O mesmo que *Alujá*; Toque de chamada das *mona-inquiciane* para o *canzuá*. (CEAO, 1981, p.37).

ARUANDA — O céu onde vivem os bacuros. (PINTO, 1976, p.81, 196).

ASSÍQUI — 1. Bentinho, escapulário. 2. Talismãs sagrados dos rituais cambindas. (MENDONÇA, 1973, p.113).

AZÉ — 1. Capuz de palha-da-costa de *Omolu*, nos candomblés de Angola (CARNEIRO, 1961, p.179).

AZUELA — 1. Fazer barulho. 2. Tocar os atabaques, *Engoma*, dos bantos, ou bater palmas para provocar a chegada do *inquice*.

B

BABAÇA — 1. *Inquice* também conhecido como *Vunje*, relacionado com *Ibeji* dos nagô. (CEAO, 1981, p.83). 2. Irmão gêmeo. Origem: quimbundo *mabaça*. (MENDONÇA, 1973, p.114).

BABATAR — 1. Apalpar, tatear. Origem quimbundo *kubabata*. (MENDONÇA, 1973, p.114).

BACIA — 1. Utensílio ritual usado para assentamento de determinados *inquices*, invariavelmente de ágata (CEAO, 1981, p.78).

BACURO — 1. Santo. O mesmo que *inquice* (PINTO, 1950, p.44).

BAQUITATUIA — 1. Ritual executado com pólvora para diversos fins.

BAMBA — Palavra de origem *Quimbundo*, significa valentão. (AURÉLIO, 1986).

BAMBÁ — 1. Massa proveniente do tempero com camarão, azeite-de-dendê, cebola e sal que sobra dos *xinxins* dos *axés* (comida preparada para os orixás). (AURÉLIO, 1986).

BAMBAMBÃ — Forma apocopada do quimbundo *mbamba*. Significa: valentão.

BAMBAQUERÊ — 1. Dança do Bambá. Provém do quimbundo *mbambaquerê*. (MENDONÇA, 1973, p.115).

BAMBARÉ — 1. Arruaça, vozeria. Termo quimbundo. (MENDONÇA, 1973, p.115).

81

BAMBÊ — 1. Do quimbundo mbambi, significa limite. (MENDONÇA, 1973, p.115).

BAMBOJIRA — 1. Divindade das encruzilhadas. O mesmo que *Exu* feminino dos nagôs. (CEAO, 1981, p.83).

BAMBULA — 1. Termo quimbundo, espécie de guitarra. (MENDONÇA, 1973, p.115).

BAMBURUCEMA — 1. *Inquice* ou *bacuro*, dono da tempestade, relacionado com o orixá *Iansã*. (CEAO, 1981, p.83).

BANDA — 1. Povo Sul-africano, ligado à cultura banto. (PINTO, 1976, p.80). 2. Termo usado dentro do santé do Rio de Janeiro antigo e que significa a nação de origem do *cassueto*. Cantiga alusiva ao fato: "*Banda com Banda cruzambê gururu gururu gangá* (bis)."

BANDANGUAIME — 1. Nome de um tata-de-inquice da Nação de Congo (CEAO, 1981, p.19).

BANDUNQUENQUE — terreiro popularmente conhecido como *Batè-Folha* (CEAO, 1981).

BANGUÊ — 1. Nome de romance de José Lins do Rego. (MENDONÇA, 1973, p.104). 2. Engenho de açúcar do tempo colonial. (MENDONÇA, 1973, p.115).

BANGUELA — 1. Há a forma *Benguela*. 2. Nome de povo negro com costume de arrancar os dentes da frente em criança. (MENDONÇA, 1973, p.115).

BANGUELÊ — 1. Briga, desordem. (MENDONÇA, 1973, p.115).

BANGULA — 1. Embarcação de pesca. Termo quimbundo. (MENDONÇA, 1973, p.115).

BANGULÊ — 1. Dança dos negros com palmas e sapateados. (MENDONÇA, 1973, p.116).

BANTO — 1. Diz-se do, ou indivíduo dos Bantos, raça negra sul-africana, à qual pertenciam, entre outros, os negros escravos chamados no Brasil angolas, cambindas, benguelas, congos, moçambiques. (BARROSO, 1948). 2. Seligman, descrevendo os bantos do Sul, diz: "São, em regra, bem constituídos, musculosos e fortes, de porte e andadura graciosa, notável especialmente nas mulheres, acostumadas a conduzir pesos à cabeça." (*Races of Africa*, p. 188) (CARNEIRO, 1961, p.157). 3. Os povos bantos possuem uma homogeneidade característica. Alargam-se do Congo até o Norte no *Kalahari* no Sul da África. Nesta gigantesca área geográfica, salientam-se três grandes grupos: os povos do Congo, as tribos da África Oriental e as tribos do Sul. (MENDONÇA, 1973, p.7). 4. É oportuno acrescentar aqui o quadro das 601 línguas e dialetos da África, segundo traçou Cust, onde os Bantos constituem o quinto grupo com 168 línguas e 55 dialetos. (MENDONÇA, 1973, p.11). 5. Origem Cafre, do *ba*, prefixo de plural + *ntu*, homem; significa, portanto, homens. (MENDONÇA, 1973, p.116). 6. O vocábulo provém da língua *Cafre*, sua etimologia: *Bantu* é o plural do substantivo *Mu* — *ntu* que significa pessoa, isto em diversos dialetos sul-africanos; assim, William Bleck, no século XIX, denominou esse grupo puramente lingüístico, ou seja, ao pé da letra, os povos "pessoas". Bleck foi secundado pelo alemão Karl Meinhof, cujos trabalhos são fundamentais em lingüística africana (SILVA, 1983).

BANZA — 1. Instrumento musical de cordas. (MENDONÇA, 1973, p.116).

BANZÉ — 1. Barulho, vozeria. Derivado do quimbundo *mazue; mbanzue* (MENDONÇA, 1973, p.116).

BANZO — 1. Nostalgia mortal dos negros da África; triste, abatido, pensativo. (BARROSO, 1948). Do quimbundo *mbanza*, que é aldeia; por extensão, saudade da aldeia. (MENDONÇA, 1973, p.117).

BAOBÁ — Árvore da família das Bombacáceas (*Adansonia Digitata* L.). Considerada como sendo a que apresenta o mais considerável tronco de todo o mundo, embora não seja a mais alta. (BARROSO, 1948).

BAQUIÇA — 1. Santuário.

BAQUICE — 1. Quarto de santo. O mesmo que *roncó*. (CEAO, 1981, pp.43, 78).

BARRAVENTO — 1. Cognominado como toque de Congo. (CEAO, 1981, pp.36, 37). 2. Entonteamento ou tontura que na filha ou filho-de-santo antecede a chegada do orixá. (CEAO, 1981, p.78).

BATE-FOLHA — 1. Nome de um famoso candomblé da nação Congo, cuja denominação recebida dentro dos fundamentos ritualísticos de seu culto é *Manso Bandunquenque*. Fica situado em Salvador, Bahia, cujo chefe espiritual desta casa chamava-se Manuel Bernardino da Paixão, popularmente, Bernardino Bate-Folha (SILVA, 1983).

BATETÉ — Inhame cru, com azeite e sal (CARNEIRO, 1961, p.80).

BATUCAGÉ — 1. Dança do candomblé, segundo Xavier Marques, 1922, p. 44. (MENDONÇA, 1973, p.117).

BATUQUE — 1. Dança com sapateados e palmas. Termo africano do Landim *batchuque*. (MENDONÇA, 1973, p.117). 2. O mesmo que batucada; veio dos angolistas, negros bantos que brincavam a capoeira ao som de pandeiros aqui no Rio de Janeiro. Dentre os batuqueiros famosos, citamos: Eduardinho da Piedade; Waldemar da Babilônia; Inácio do Catete; Abel e Melado do Catumbi; Caneta, Nino e outros do Estácio; Geraldo da Fundição; Bernardo Sapateiro; Valente Tirador de Batucada do Beco do Espinheiro e João Minas, introdutor da cuíca no samba.
A batucada tem suas pegadas ou golpes, cada qual com seu nome especial, assim:
• *Bau* batucada leve, não servia para derrubar alguém;
• *Banda cruzada*, batucada pegada, aplicada com a perna direita ou a esquerda, golpe que não dava tempo para a defesa;
• *Banda de frente*, golpe em que o batuqueiro caía em cima do adversário sem se machucar;
• *Banda jogada*, quando o batuqueiro vinha bamboleando o corpo, e, ao se aproximar, batia palmas perto do rosto do adversário para distraí-lo, passando, então, rápido a perna e derrubando-o perigosamente;
• *Tesoura*, golpe que se dava com

as duas pernas trançadas nas pernas do adversário;

• *Tirica* ou rabo-de-arraia, pegada de muita agilidade, pois consistia em colocar uma das mãos no chão e elevar a perna até alcançar o rosto do adversário com o pé.

BATUQUEJÊ — O ruído produzido pelos atabaques em geral. (CARNEIRO, 1961, p.180).

BENDENGUÊ — 1. Jongo, dança dos negros. (MENDONÇA, 1973, p.118).

BENGALA — 1. Bastão pequeno. Nome de origem quimbundo: *mbangala*. (MENDONÇA, 1973, p.118).

BENGO — 1. Rua estreita e tortuosa. (MENDONÇA, 1973, p.118).

BENGUELA ou BANGUELA — 1. Indivíduo em que falta um ou mais dentes na frente. (BARROSO, 1948).

BERIMBAU — 1. O mesmo que *Marimbau*. Do quimbundo *mbirimbau*. (MENDONÇA, 1973, p.148).

BOMBÓ — 1. Termo correspondente a *Bobó*, usado em Angola. (MENDONÇA, 1973, p.119).

BONGAR — 1. Buscar, procurar. Termo de origem quimbundo: *ku*, prefixo — *bonga*, procurar. (MENDONÇA, 1973, p.119).

BOZÓ — Coisa feita. (CARNEIRO, 1961, p.152).

BUNDA — 1. Nádegas, assento. Nome de origem quimbundo: *mbunda*. (MENDONÇA, 1973, p.119).

BUNDO — 1. Natural de Angola e como língua equivalente ao quimbundo *Mbundu*, negro. (MENDONÇA, 1973, p.120).

BURUNGUNÇO — Também chamado *Cuquete*, é um *inquice* ou *bacuro* idêntico ao orixá Omolu. (CARNEIRO, 1961, p.88).

BUZO — 1. Termo quimbundo relacionado com jogo dos negros novos do Brasil. (MENDONÇA, 1973, p.120).

C

CABAÇA — 1. Gêmeo que nasce em segundo lugar. Termo quimbundo: *Kabasa* (MENDONÇA, 1973, p.120).

CABAÇO — 1. Hímen, virgindade. Termo quimbundo: *kabasu*.
a) (MENDONÇA, 1973, p.120)
b) (BARBOSA, 1953).

CABALANGUANJE — 1. Inquice ou bacuro também conhecido com os nomes de Cavungo ou Quingongo. O mesmo Omolu dos nagôs (CEAO, 1981, p.83).

CABINDA — 1. Nome de povo negro (MENDONÇA, 1973, p.120).

CABORGE — 1. Feitiço. a) (GUIMARÃES, p.14). b) (MENDONÇA, 1973, p.121).

CABUFÁ — 1. Castigo. Segundo tata Tancredo, o *Cassuêto* deve obedecer aos preceitos ritualísticos de seu *inquice*, sob pena de pagar pelo seu erro. (PINTO, 1950, p.21).

CABULA — 1. Toque existente na Nação Angola-*Munjola*. (CEAO, 1981, p.36). 2. Espécie de maçonaria negra. (MENDONÇA, 1973, p.136). 3.Os pontos riscados com pemba, correspondentes aos *inquice* ou *bacuro*, são chamados de *Kirimbá* ou *Kirimbu* e são de origem dos negros *cabula*. (PINTO, 1950, p.44).

CACARUCAIA — 1. Velho (CARNEIRO, 1961, p.166). 2. Ponto cantado nas macumbas do culto *Omolocô* em referência ao *Inquice Lembarenganga* ou *Lemba Dilê*:
a) *"Meu Santo Antônio de Buamba Pomba Girê e o Cacarucaia"*
b) Ponto homenageando o *inquice Querequerê*:
"Eu vi Nanã Buruquê a macaia cacarucaia de camunginja é de mi au au au."

CAÇANJE — 1. Dialeto crioulo do português, falado em Angola. (AURÉLIO, 1986). 2. Pertencem ao grupo de negros bantos. (MENDONÇA, 1973, p.37).

CACHIMBO — 1. Termo quimbundo *kixima*, poço furado, coisa oca. (MENDONÇA, 1973, p.121). 2. Aparelho para fumar tabaco, muito usado pelos Pretos-Velhos — entidades umbandistas: *Corimba* de Preto-Velho:
"Cachimbo está no toco manda moleque buscar No alto da derrubada Meu cachimbo ficou lá."

CACIMBA — 1. Poço artificial. Termo do quimbundo *kixima*. (MENDONÇA, 1973, p.121).

CACIMBO — 1. Nevoeiro, garoa. Do quimbundo *kixibu*. (MENDONÇA, 1973, p.122).

CAÇUBÉKÁ — *Inquice* ou *bacuro* ou *calundu* identificado com *Oxalá* dos nagôs. (CARNEIRO, 1961, P.88).

CAÇULA — 1. O filho mais moço. Do quimbundo *kazuli*. (MENDONÇA, 1973, p.122). 2. Ato de socar milho no pilão. Do quimbundo *Kuçula*. (MENDONÇA, 1973, p.122).

CACULO — 1. Gêmeo que nasce primeiro. Do quimbundo *kakulu*. (MENDONÇA, 1973, p.122).

CACUMBU — 1. Resto de enxada. Do quimbundo *kakimbu*. (MENDONÇA, 1973, p.122). 2. Dança dos negros africanos. Termo quimbundo. (MENDONÇA, 1973, p.122).

CAÇUTÉ — *Inquice* ou *bacuro* identificado como Oxalá dos nagôs. (CARNEIRO, 1961, p.78).

CAFIFE — 1. Moléstia, contrariedade, sarampo. Termo quimbundo: *cafife* (MENDONÇA, 1973, p.123).

CAFIOTO — 1. Iniciado que já conhece os segredos e auxilia o pai-de-santo.(MENDONÇA, 1973, p.123).

CAFUÁ — 1. Quarto de prisão para alunos dos colégios. Deriva-se do quimbundo *kufundu*. (MENDONÇA, 1973, p.123).

CAFUNGE — 1. Moleque travesso. (MENDONÇA, 1973, p.123). 2. Um dos nomes de *Kavungo*. O mesmo *Omolu* dos nagôs.

CAFUNÉ — 1. Carinho, afago na cabeça. Termo popular. 2. Estalidos com o polegar no alto da cabeça. Origem quimbundo *kufundu*. (MENDONÇA, 1973, p.124).

CAFUZO — 1. Filho de negro e índio; mestiço de cor negra ou quase negra, cabelo corrido e grosso. O mesmo que cafuz, carafuzo, carafuz ou caburé (BARROSO, 1948).

CAIALA — 1. *Inquice* correspondente a Iemanjá dos nagôs.

85

(CEAO, 1981, p.41). 2. *Inquice* ou *bacuro* ou *calundu* dos negros do Congo correspondente a Iemanjá. (CARNEIRO, 1961, p.91)

CAIANGO — 1. Nome de um *inquice* da nação do Congo. O mesmo que *Matambe* e *Angurucema*. A mesma *Oyá do Keto*. (CEAO, 1981, p.36).

CALHAMBOLA — Palavra que tem o mesmo significado de: Calhambora; Quilimbola (AURÉLIO, 1986).

CALOMBO — 1. Inchação que às vezes origina tumor ou batida no corpo que forma uma calosidade. (MENDONÇA, 1973, p.124).

CALUGE — 1. Rancho de palha. Termo quimbundo também conhecido como *Calógi*. (MENDONÇA, 1973, p.124).

CALUMBÁ — 1. Cocho do caldo nos engenhos de açúcar. Origem quimbundo *Kalumba*. (MENDONÇA, 1973, p.124).

CALUNDU — 1. *Inquice* segundo citação de Vivaldo da Costa Lima (CEAO, 1981, p.21). 2. (Bras.) Mau humor; irascibilidade, o mesmo que *lundu*. (BARROSO, 1948). 3. Mau humor, aborrecimento. Termo legítimo usado em Angola. Vem do quimbundo *kalundu*, deus dos angolenses (C. da Mata, *sub verbum, kilundu*). (MENDONÇA, 1973, p.124).

CALUNGA — 1. (Bras.) Divindade secundária do culto banto; o seu fetiche. (BARROSO, 1948). 2. O mar (CARNEIRO, 1961, p.180). 3. Boneco. Deriva do quimbundo, mar (MENDONÇA, 1973, p.124). 4. Calunga pequena, cemitério. calunga maior, o mar. De acordo com cultura religiosa dos negros bantos. 5. Cemitério (PINTO, 1950, p.45). 6. *Imba* (ponto), para *Cuquete*: "Embala na calunga quimboto e vem, quimboto e João Pépé."
Imba (ponto) para *Aiocá* ou *Micaia*:
"Vamos Kalungá a Dinda. É tata no Keaua Keaua.
Vamos, Kalungá Bati Dendê Dendê Dendê."

CAMAFONGE — 1. Sinônimo de *Cafungê*. (MENDONÇA, 1973, p. 125).

CAMATUÊ — 1. Cabeça.
a) (PINTO, 1976, p.176)
b) (PINTO, 1950, p.19). 2. Os princípios e costumes dos cultos afro-brasileiros se difundiram por todo o território nacional, subdividindo-se em vários grupos, o dos Bantos, o que esteve sob o jugo português, predominou na cidade do Rio de Janeiro, difundindo-se de tal forma que subsistem até os nossos dias. Entre os usos e preceitos, o que mais se observava era quanto à parte do camutuê, cabeça — costumavam preservar de tal forma essa parte do corpo humano que não se concedia permissão a qualquer pessoa para pôr a mão no *camutuê*. Era considerado assunto de suma importância, e sua permissão se restringia aos sacerdotes que realmente pudessem apresentar credenciais. Para explicar tal exigência, os antepassados davam como motivo o fato de que é na cabeça onde se aloja toda a força humana, por meio do pensamento e, sobretudo, onde estão concentradas importantes funções. Deste fato, até mesmo explica-se cabalisticamente que a cabeça tem: dois olhos, duas nari-

nas, dois ouvidos e uma boca, que somam sete órgãos. Também na cabeça estão os cabelos, que merecem grande atenção. Em certos casos, dependendo do orixá que governa o *camutuê*, não devem ser cortados, exceto em caso de necessidade, depois de cumpridos certos preceitos. Fora disso, os cortes de cabelo devem ser efetuados na lua cheia, e aquele cabelo cortado não deve ser jogado fora, e, sim, despachado. Aos umbandistas não são permitidas tinturas, porque isso é prejudicial, uma vez que contêm produtos químicos. Quanto ao uso de perucas, só são aconselháveis as de fabricação de fibra vegetal; porém, devemos abolir o uso de perucas de cabelo humano. O corpo humano é composto de cabeça, membros inferiores e superiores. Nós temos 208 ossos, o que representa cabalisticamente dois mais oito que somam dez; nove fora, sobra um, que, dentro da cabala, representa o homem.

CAMBA — 1. O mesmo que *mucama* (MENDONÇA, 1973, p.125). 2. Termo banto usado na nação Omolocô no Rio de Janeiro e na Bahia, significando mulher vinculada à seita e que é zeladora-de-*inquice*. Ajuda a acompanhar os cânticos. (SILVA, 1983).

CAMBARANGUANJE — *Inquice* ou *bacuro* também chamado *Zaze* e *Kibuko* identificado com *Xangô* dos *Nagôs*. (CARNEIRO, 1961, p.88).

CAMBEMBE — 1. Ordinário, à toa. Origem do quimbundo *Kambembe*. (MENDONÇA, 1973, p.125).

CAMBINDA — 1. Dança popular em que os dançarinos ficam de cócoras, movendo-se ao som da música (BARROSO, 1948).

CAMBONDO — 1. Amigo, amásio. Auxiliar do pai-de-santo na feitiçaria. Origem: quimbundo *cambanda*. (MENDONÇA, 1973, p.125).

CAMBONE — 1. O mesmo que *Cambondo*. (MENDONÇA, 1973, p.125).

CAMBONO — 1. Tocador de atabaque; carregador de despachos; sacrificador de animais etc.

CAMBARANGUANJE — Inquice, o mesmo que Xangô.

CAMUCANDO — 1. Ritual fúnebre (CEAO, 1981, p.78).

CAMUCONDO — É uma obrigação de *Sirrum* que corresponde ao *Axexé* nagô. Existe uma cantiga que diz: "*Camucondo oiô tata Camucondo.*" (CEAO, 1981, p.42).

CAMUMBEMBE — 1. Mendigo, vagabundo. Do quimbundo *kamumbembe*. (MENDONÇA, 1973, p.126).

CAMUNDONGO — 1. Rato pequeno. Origem quimbundo *kamundongo* (MENDONÇA, 1973, p.126).

CANDANGO — 1. Nome com que os negros designavam o português. M. Soares diz ser do quimbundo: Kangundu ou Kingundu. (MENDONÇA, 1973, p.126).

CANDANJE — 1. Menino pronto para ser circuncisado. O plural é *tundanje*.

CANDOMBLÉ — 1. Terminologia de origem banta que deu nome à cerimônia religiosa na Bahia.

CANDONGA — 1. Benzinho. Derivado do quimbundo *kandenge*. (MENDONÇA, 1973, p.126).

CANGA — 1. Trave de madeira adaptada ao pescoço dos animais. Originada do quimbundo *kanga*, prender, ligar. (MENDONÇA, 1973, p.126).

CANHENGUE — 1. Avaro, mesquinho. Do quimbundo. De origem quimbundo *Kinjenje*. (MENDONÇA, 1973, p.127).

CANJERÊ — 1. Reunião de escravos para cerimônias fetichistas acompanhadas de danças. (MENDONÇA, 1973, p.127).

CANZÁ — 1. Instrumento musical feito de taquara em que se dão uns cortes transversais, por onde se faz passar uma varinha, que a faz ressoar. (MENDONÇA, 1973, p.127).

CANZUÁ — 1. Casa na Nação Angola (CEAO, 1981, p.78). 2. Casa de candomblé. (CARNEIRO, 1961, p.181).

CANZUÁ DE KIMBE — Casa dos mortos, cemitério. (CARNEIRO, 1961, p.128).

CAPIANGO — 1. Ladrão, gatuno, termo banto. (MENDONÇA, 1973, p.128).

CAPUAVA — 1. Nome pelo qual descendentes de escravos, em Ivaporanduva — Eldorado — SP, denominam as plantações em locais distantes (*VEJA*, 1990, p.18).

CARCUNDA — 1. Jiba, corcova. Do quimbundo *karikunda*, costas, e também *kakunda*. (MENDONÇA, 1973, p.128).

CARAMBORÔ — 1. Galo. (CEAO, 1981, p.85).

CARAMOCÊ — É o *inquice* correspondente a *Obá* dos nagôs. (CEAO, 1981, p.42).

CARECA — 1. Calvo. Forte indício de ser termo quimbundo originado da palavra *Makorika*, calvície. (MENDONÇA, 1973, p.128).

CARIMBO — 1. Marca. Palavra originada do quimbundo *kirimbu*. (MENDONÇA, 1973, p.129).

CARURU — 1. Vocábulo de origem africana *kalalu*. 2. Nome de várias plantas da família das Amarantáceas bredo (BARROSO, 1948). 3. Comida muito usada nos candomblés para os orixás, *Ibeji e Xangô*. É feito com *kibombo*, quiabo; ou mostarda; ou com taioba; ou com unha-de-gato; ou com bertalha; ou com bredo-de-santo-antônio; ou com capeba (SILVA, 1983).

CASSANGES — 1. Negros bantos. (MENDONÇA, 1973, p.37). 2. Pejorativo, ordinário, errado. Nome de um povo negro chamado *Kasanji* (MENDONÇA, 1973, p.129).

CASSARANGONGO — 1. Nome de um engenho da Bahia, pertencente à família Calmon. Termo africano. (MENDONÇA, 1973, p.129).

CASSUÊTO — 1. Iniciante no culto *Omolocô*, são os médiuns preparados dentro dos nove graus da mediunidade, cabendo aprender, quando recluso na camarinha, as danças, quirimbás (sinais) e os preceitos relacionados com a entidade patrona de seu *camutuê*. (PINTO, 1950, p.19).

CASSUTÉ — É um *inquice* que corresponde ao Oxaguiã dos nagôs. (CEAO, 1981, p.41).

CATENDÊ — 1. *Inquice ou bacuro* relacionado com a cultura das ervas. Igual a *Ossâim* dos nagôs. *Lenda*: Sua vida era tirar folhas para uns e outros, porque lhe foi ensinado. É o médico das mezinhas, dos remédios, o doutor das folhas. Então, ele ia tirando folha para isso, folha para aquilo e aprendendo. O sujeito lhe dava um vintém, um pedaço de fumo. Ele fumava cachimbo, escondido dos seus pais. Daí, veio a lenda de se levar fumo para o mato, mel de abelha etc. (CEAO, 1981, p.83).

CATULAR — 1. Raspar. 2. Fazer cura com navalha. (CEAO, 1981, p.78).

CAVUNGO — 1. *Inquice* ou *bacuro* também conhecido com os nomes de *Quingongo* e *Cambalanguanje*. O mesmo *Omolu* dos nagôs. (CEAO, 1981, p.83).

CAXAMBU — 1. Dança semi-religiosa (CARNEIRO, 1961, p.29). 2. Tambor. Dança. (MENDONÇA, 1973, p.130).

CAXINGUELÊ — 1. Nome do animal porco. Termo africano de origem onomatopaica do quimbundo *kajingulu* (MENDONÇA, 1973, p.130).

CAXINXI — 1. Nome cabalístico, *dijina*, de um iniciado no culto banto ligado ao *bacuro Cuquete* ou *Cafungê*.

CAXIXI — 1. Saquinho de palha trançada cheio de sementes de bananeira-do-mato, que ajudam na manifestação dos inquices quando sacudidas ao ouvido dos filhos-de-santo. (CARNEIRO, 1961, p.106). 2. Também utilizado pelos *Tata* para acompanhamento do *Ingorossi*. (CARNEIRO, 1961, p.181). 3. Instrumento musical de percussão, feito de uma cestinha de vime fechada e alongada, caroços dentro. Era usado pelos negros Angolas. (MENDONÇA, 1973, p.130).

CAXUMBA — 1. Inflamação das parótidas, popular papeira. Talvez termo quimbundo. (MENDONÇA, 1973, p.130).

CAZUMBA — 1. Termo quimbundo, sem significação apurada. (MENDONÇA, 1973, p.130).

CAZUMBI — Divindade dos Bantos (BARROSO, 1948).

CHUCHU — 1. Planta cucurbitácea; termo africano (Nelson de Sena). (MENDONÇA, 1973, p.131).

COCHILAR — 1. Cabecear com sono. Do quimbundo *koxila*, dormitar (MENDONÇA, 1973, p.131).

COMPANHIA GERAL DO COMÉRCIO DO BRASIL — 1. Fundada pelo Alvará de 10 de março de 1649. Iniciou o monopólio do tráfico de escravos; extinta em 1720 (MENDONÇA, 1973, p.22).

COMPANHIA DE ALGOS — 1. Fundada em 1444, cujo objetivo era desenvolver o comércio e as explorações no continente negro; segundo Fortunato de Almeida, no seu livro *História de Portugal*, Coimbra, 1923, p. 76 — (MENDONÇA, 1973, p.20).

CONGADA — 1. Dança dos Congos. "Têm ainda os africanos umas danças guerreiras ou esses similares de guerra que conservaram por muito tempo na América, desfigurados nas congadas". (MENDONÇA, 1973, p.132).

CONGO — 1. Dança dramática de origem africana. (BARROSO, 1948). 2. Nome de um povo negro importado. (MENDONÇA, 1973, p.132).

CONGOMBIRA — 1. Inquice ou bacuro, também chamado *Mutacuzambê* ou *Mutacalombô*. O mesmo que *Oxóssi*. (CARNEIRO, 1961, p.88).

CONGRESSO AFRO-BRASILEIRO — O primeiro foi realizado em Recife, em 1934, e o segundo, realizado em Salvador, em 1937, com participação de Melville Herskovits. (MENDONÇA, 1973, pp. 105, 106).

CORIMBA — 1. Cantiga ou ponto cantado em louvor dos inquices ou bacuros (PINTO, 1950, p.59).
Cantiga:
"Corimba Xô Xô Xô
Corimba é de Toré"   (bis)

COTA — 1. Pessoa com sete anos de obrigação feita. 2. O mesmo que *Ekede* (CEAO, 1981, p.78). 3. São mulheres que não tendo o privilégio do transe são servidoras das divindades (*Ekede*) (CARNEIRO, 1961, p.167). 3. As cotas são zeladoras dos terreiros, têm as mesmas funções da equéde dos nagôs. Com missões diferentes a cumprir, fazendo o serviço doméstico dentro do culto: a limpeza dos *otás* do terreiro; a lavagem de todos os objetos pertencentes aos orixás. A lavagem das roupas dos orixás, de toalhas e de outras peças não é feita com sabão, porém, com a erva *macária*, ou seja, vassourinha-de-exu.
Cabe à cota as tarefas seguintes:
• Conhecer os defumadores e as bebidas dos santos;
• Conhecer as ervas para o amaci;
• Saber as cores das pembas e das vestes dos inquices;
• Preparar a bandeja para abrir e fechar o terreiro;
• Preparar a bandeja para recepção a um tata;
• Conhecer o ritual debaixo do alá, até mesmo o preparo da bandeja e sua condução;
• Varrer o *otá* e o terreiro com *Macária*;
• Distribuir as comidas dos inquices, dando a cada participante a parte do animal que lhe cabe;
• Ralar o que for necessário por meio de pedra;
• Preparar o *aluá* (PINTO, 1950, pp.73-74).
4. Corimba em louvor às cotas, louvadas pelos inquices:
"Cota, cota que eu vai oló
Cota, cota vou com zambiapongo
Cota, cota que eu vai oló
Cota, cota adeus até pra o ano
Cota, cota que eu vai oló
Cota, cota olha duas com duas"
(PINTO, 1950, p.75)
5. Cantiga de origem banta, cantada para chamar a filha-de-santo para dançar para o santo:
"Bacuros chama Kotá o Dinê."

COTA-SORORÓ — 1. Mãe pequena ou pessoa com mais de sete anos de obrigação feita que foi escolhida pelos inquices para mãe pequena do reino. 2. Mãe pequena ou mãe criadeira. (CEAO, 1981, p.78).

CRUZAMBÊ — 1. Cruzeiro das almas. Estivemos, na qualidade de pesquisadores de campo no Palácio de *Iansã* dirigido pelo *tata* José Ribeiro, no cruzeiro das almas existente na lateral esquerda de quem entra no Palácio. É uma cruz construída de cimento, pintada de branco, contendo cinco lâmpadas incrustadas no seu frontispício. Neste dia que, por sinal, era a primeira segunda-feira do mês de março de 1990, vimos comidas depositadas no pedestal do cruzeiro das almas, a saber: sete pedaços de pão arrumados formando uma cruz; sete velas acesas formando uma cruz; três cabeças de peixe corvina cozidas, arrumadas em uma tigela branca; uma terrina branca com mingau de maisena; uma terrina branca com mingau de farinha; quatro copos contendo vinho tinto; café; água e queijando. Neste dia, exatamente à zero hora (meia-noite), teve início a sessão de catimbó (pesquisa de campo realizada pelo Prof. Ornato Silva, no terreiro *de Iyansa Egun Nitá*).

CRUZAMBÊ — 1. Jesus Cristo foi crucificado entre dois ladrões, daí resultando uma cruz com 9 (nove) pernas, formando, assim, o ciclo das 9 (nove) *luas* que se encontra na circunferência da nossa geração terrestre. (PINTO, 1950, p.14). 2. Todo terreiro deve ter o seu *cruzambê* ou *casa das almas*, onde se faz a entrega do *Axé* da pessoa morta, durante sete anos, e, sendo ali também o local onde são feitas as oferendas daqueles que pertenceram ao terreiro, a fim de não perturbarem ninguém. (PINTO, 1950, p. 245).

CUBATA — 1. Choupana, morada dos pretos na África. Do quimbundo *Kubata*, casa.(MENDONÇA, 1973, p.132). 2. Nas festas religiosas em louvor das entidades, são postas no chão as ervas que atraem o mal trazido pelos profanos — são folhas de mangueira, de cajá etc. (PINTO, 1950, p.23).

CUCUMBE — 1. Comida usada na Bahia, pelos negros *Congos* e *Munhambanas*, nos dias da Circuncisão de seus filhos. (MENDONÇA, 1973, p.132).

CUCUMBI — 1. Instrumento de música. Termo banto. (MENDONÇA, 1973, p.132). 2."...ordens de negros de várias tribos, ..." (MENDONÇA, 1973, p.132).

CUFAR — 1. Morrer. Termo originário do quimbundo *kufa*. (MENDONÇA, 1973, p.133).

CUIGANGA — É o inquice correspondente a *Euá* dos nagôs. (CEAO, 1981, p.42).

CUMBA — Significa jongueiro experimentado que tem parte com o diabo, que faz feitiçaria, que faz macumba (reunião de cumbas). (CARNEIRO, 1961, p.20).

CUQUETE — Inquice ou bacuro identificado com o Omolu dos nagôs (CARNEIRO, 1961, p.88).

CURIÁ — 1. Comer; beber. Do quimbundo *kuria*, comer. (MENDONÇA, 1973, p.133). 2. Comer a comida dos inquices ou bacuros. (PINTO, 1950, p.52).

CURIÊ — 1. Na falange dos exus femininos a chefe é exatamente *Curiê* (PINTO, 1950, p.70).

CURINGA — 1. Certas figuras do jogo de cartas. Termo africano (Nelson de Sena) (MENDONÇA, 1973, p.133). 2. Do quimbundo *kuringa*, matar (AURÉLIO, 1986).

CURUMBA — 1. Mulher velha. Termo banto. (MENDONÇA, 1973, p.133).

D

DAFIDI FAFA QUENEM — Palavras ensinadas como sendo: "Deus a tenha por lá." (CEAO, 1981, p.40).

DANDALUNDA — 1. *Inquice* ou *bacuro* também conhecido com o nome de *Quissimbi* e está relacionado com o mar, como a *Iemanjá* dos nagô (CEAO, 1981, p.83).

DEBURU — 1. Pipoca. Serve de oferecimento aos *bacuros*: *Aluvaiá — Sumo — Cuquete* e também é chamada de *doburu*.

DECÁ — 1. Obrigação no Angola com direito a receber o cargo de zelador-de-santo. (CEAO, 1981, p.43).

DECISA — 1. Esteira manufaturada com sapê.

DEM-DEM — 1. É elemento básico na alimentação indígena, em Angola. O mesmo que dendê; é extraído da palmeira *saro*, de onde fazem o azeite e o caroço é comido no lugar de mantimento (SILVA, 1983).

DENDÊ — 1. Palmeira africana, aclimatada no Brasil (*Elaeis Guineensis Jacq.*). (BARROSO, 1948). 2. Nome africano de uma palmeira do Congo e da Guiné. (MENDONÇA, 1973, p.133).

DENGO — 1. Designação familiar de menino. Do quimbundo *ndenge*, menino. Outros termos: *dongo, ndengue e ndongo*. (MENDONÇA, 1973, p.133).

DENGUE — 1. Choradeira de criança, manha. Do quimbundo *Ndenge*, menino e, por extensão, choradeira, manha de menino. (MENDONÇA, 1973, p.134).

DIAMBANGANGA — É um inquice também conhecido com os nomes de Tempo, Cuquete, Caiti e Luindimbanda. (CEAO, 1981, p.42).

DIJINA — 1. Nome iniciático. (CEAO, 1981, p.78).

DUMBA — 1. Esposa, mulher. Termo banto existente nas macumbas do Rio de Janeiro.

DUNGA — 1. Senhor. É também uma figura de jogos de carta. Língua dos negros *Dunga* da Costa (N. de Sena. *R.F.H.*, 1931, I). 2. Frase africana, espécie de saudação: *Dunga Tará Sinherê!* (MENDONÇA, 1973, p.135).

E

EMBANDA — 1. Dirigente do culto umbanda (PINTO, 1976, p.81). 2. Feiticeiro que dirigia a *"Cabula"*, espécie de maçonaria negra. Talvez do quimbundo *mbanda*, feiticeiro (MENDONÇA, 1973, p.136).

ENDOQUE — 1. Feiticeiro. Deriva do conguês *ndoki*, feiticeiro (MENDONÇA, 1973, p.137).

ENGAMBELAR — 1. Seduzir, agradar para enganar. Talvez provenha do termo *Nginbelar*, do quimbundo. (MENDONÇA, 1973, p.137).

ENGOMA — 1. O atabaque, em geral, nos candomblés de Angola e do Congo. Obs.: o termo quimbundo é *ngoma*.

ETÍOPES — Da Etiópia (África). Antes, Abissínia.

F

FECHAMENTO DE CORPO — 1. Prática utilizada nos candomblés de origem banta. Consiste num cerimonial que é de grande responsabilidade para quem o executa. O trabalho deve ser executado por pessoa bastante conhecedora do eró do santé, numa Sexta-Feira Grande, ou seja, numa sexta-feira que recaia num dos quartos da lua nova, em hora aberta, 18 ou 24 horas. O candidato toma banho de ervas quinadas e bebe um pouco da mesma. Suas roupas são incineradas e as cinzas despachadas num rio de água corrente ou no mar na hora da vazante. Veste-se com roupas brancas novas. O executante, de posse de um punhal virgem, faz várias incisões em determinadas partes do corpo do paciente. São cantados pontos cabalísticos e utilizados para complemento da cerimônia: velas de cera, punhal virgem, vinho sangue de cristo, vinagre, pemba, sal e defumador. Ao término da cerimônia, o candidato é levado para ver a lua.

FUA-IFUÁ — 1. Esqueleto (BARBOSA, 1953). (*Quioca = Banto.)

FUBÁ — 1. Farinha de milho ou de arroz. Do quimbundo fubá, farinha. (MENDONÇA, 1973, p.138).

FULÔ — 1. Canção conhecida internacionalmente e de mérito indiscutível, no gênero. Nega Fulô. (MENDONÇA, 1973, p.84).

FUMILUCA — 1. Termo banto que quer dizer: "O que está se passando?"

FUNDANGA — 1. Pólvora.

FURUNDUNGO — 1. Nome de romance de Souza Carneiro. (MENDONÇA, 1973, p.104).

G

GAMAZI — Sabão. (CEAO, 1981, p.38).

GANGA — 1. Cargo de zelador na nação Cambinda, conferido a Alfeu I. De Souza. (PINTO, 1976, p.245). 2. Sacerdote gentio no Congo. (BARROSO, 1948). 3. Canto: "*Ganga com Ganga Cruzambê Gururu Gururu Ganga.*" 4. Termo respeitoso usado pelos negros, senhor. Do quimbundo *Nganga*, feiticeiro. (MENDONÇA, 1973, p.150).

GANGARUMBANDA — É um *inquice* que corresponde ao *Oxalufã* dos nagôs. Também é chamado de *Gangaumfaramá*. (CEAO, 1981, p.41).

GANGAZUMBA — Inquice que corresponde à Nanã dos Nagôs. (CEAO, 1981, p.42).

GANZÁ — 1. (Bras. Nordeste) Caixa de folha de flandres, munida de cabo e com seixinhos, a qual, produzindo som quando agitada, serve de instrumento musical usado no Nordeste. (BARROSO, 1948). 2. Do quimbundo, *nganza* = cabaça (AURÉLIO, 1986).

GINJA — 1. Cargo feminino existente no culto Angola. (PINTO, 1976, p.245).

GIRA MUKÊ — 1. Pessoas que iludem os outros dizendo que são preparadas espiritualmente (PINTO, 1950, pp.52-53).

GONGÁ — 1. Altar dos santos nos candomblés Angola. (CARNEI-

RO, 1961, p.167). 2. Cestinha com tampa. Do quimbundo *ngonga*, cesto. (MENDONÇA, 1973, p.138). 3. Sinônimo de quitungo (B. Rohan). (CEAO, 1981, p.40)

GONGOBIRA — É um inquice que é uma espécie de *Oxóssi*, mas é a mesma coisa que *Logun Edé*. (CEAO, 1981, p.40).

GONGOLO — 1. Centopéia, miriápodo. Talvez quimbundo *ngongolo*, centopéia. (MENDONÇA, 1973, p.139).

GONZEMO — O santuário dos candomblés de Angola. (CARNEIRO, 1961, p.184).

GRONGA — 1. É uma bebida preparada com raízes para a confraternização dos *malungos*, oferecida em saudação dentro do ritual banto (SILVA, 1983).

GUACERE — 1. Pedaço de madeira especial, pouco maior do que um cigarro e de cheiro gostoso. Limpa os dentes e a língua. No Brasil, este hábito já está extinto, mas eram os filhos e filhas-desanto que tinham o direito de mascar o "pau de muxiba". (SILVA, 1983).

GUANDU — 1. Fruto (fava) do *Guandueiro*, planta leguminosa (grãos). Nome de origem africana, do conguês *guandu*. (MENDONÇA, 1973, p.139).

GUINDOGUE — 1. Feitiçaria. (CEAO, 1981, p.85).

GUINÉ — 1. A primeira remessa de escravos da Guiné para o Brasil veio em 1538; os escravos foram trazidos por um navio pertencente a Jorge Lopes Bixorda, arrendatário da colônia. (MENDONÇA, 1973, p.20). 2. Construção da fortaleza de *Ajudá*, hoje Widah, na Costa da Guiné, em maio de 1723. (MENDONÇA, 1973, p.23). 3. *Mestiços* que negociam na Guiné recebem dos reis africanos títulos pomposos como o de "irmão". Os mulatos Félix de Souza e Domingos Martins, negociantes de escravos em *Ajudá e Cotonu*, mereceram do rei de Dahomey o título de "Primeiro dos Brancos", de acordo com a citação de Nina Rodrigues, no livro *Os africanos no Brasil*, p. 6. (MENDONÇA, 1973, p.23).

GUNOCÔ — 1. "É a divindade das florestas, quer dizer fantasma" Parece palavra de origem iorubá. (MENDONÇA, 1973, p.139).

GUNZO — 1. Força, poder. (CEAO, 1981, p.85).

GUZO — 1. Força, vigor. Do quimbundo *nguzu*, força. (MENDONÇA, 1973, p.139).

H

HAMBA — 1. Força mística confusa, que é, ao mesmo tempo, um objeto, uma ação e uma qualidade. Seria o mesmo que o *axé* dos nagôs. Esta força atua somente dentro do grupo familiar, enquanto o *wanga* não tem restrição. (BARBOSA, 1953).

HEMACALUNGA — 1. Divindade equiparada ao *Oxalá* dos nagôs. (CEAO, 1981, p.83). Também conhecido como *Lemba, Lemba Di Lê* ou *Lembarenganga*.

I

IGAOPOIDE — 1. Reverência, respeito, atenção ou coisa parecida. Nas salas de recepção, orações e danças, não se faz qualquer proibição às fotografias dos deuses. Na Bahia é que se faz esta proibição, em termo de religiosidade, não na África (BARBOSA, 1953).

IKOLA — 1. Dor (BARBOSA, 1953).

ILELE — 1. Tecido, roupa. (CEAO, 1981, p.85).

IMBÉ PEREQUETÉ — O mesmo que Exu. Também conhecido como *Bambojira, Caracoci, Jiramavambo, Mancuce e Ingambeiro*. (CEAO, 1981, p.46).

IMBEMBERIQUITI — O mesmo que Exu. Também conhecido como *Bambojira, Caracoci, Jiramavambo, Mancuce e Ingambeiro*. (CEAO, 1981, p.46).

IMPÉRIO DE GHANA — 1. Data do século X, quando escritores árabes, depois de excursões pelo Sudão, assinalaram ali a existência do poderoso e antigo Estado negro (MENDONÇA, 1973, p.3).

INCOCE — 1. *Inquice* considerado o senhor soberano de Angola, rei do Congo. Semelhante a *Ogum do Keto*. (CEAO, 1981, p.79). Também chamado *Incocimucumbe*.

INCOCIMUCUMBE — 1. *Inquice* e *bacuro* também conhecido como *Incoce*. Considerado rei do Congo, senhor soberano de Angola. (CEAO, 1981, p.83).

INDUMBA — 1. Mulher, moça. (CEAO, 1981, p.79).

INDUMBA SENDENQUE — 1. Homossexual. (CEAO, 1981, p.79).

INDUMBEANÊ — 1. Mulher de vida livre. (CEAO, 1981, p.79).

INDUNGA — 1. Palavra de origem quimbundo: *ndungu* significa pimenta. (MENDONÇA, 1973, p.141).

INGAMBEIRO — O mesmo que Exu. Também conhecido como *Bambojira, Caracoci, Jiramavambo, Mancuce e Quitungueiro*. (CEAO, 1981, p.46).

INGOMA — 1. Atabaque, na Nação Angola. (CEAO, 1981, p.79).

INGOME — 1. Nome de um tambor, sem pintura, feito de barril. É usado para Xangô (MENDONÇA, 1973, p.141).

INGORÔSSI — Nos candomblés de Angola e do Congo, saúdam conjuntamente os *inquices* ou *bacuros* ou *Calundu* com um canto-chão lúgubre, que se compõe de mais de 30 cantigas diferentes. Os filhos-de-santo se sentam em esteiras, decisa, em volta do tata, que, com um caxixi na mão, faz o solo, respondido por um coro de gritos entrecortados por pequenas pancadas na boca. (CARNEIRO, 1961, p.109).

INHAME — 1. Nome de um tubérculo comido sob a forma de farinha; planta asparagínea. Termo usado em todas as línguas bantas, proveniente da raiz *Nyame*. (MENDONÇA, 1973, p.141).

INQUENTO — 1. Mulher; esposa. (CEAO, 1981, p.79).

INQUICE — Santo. (CARNEIRO, 1961, p.78).

INSABA — 1. Folhas, 2. Ervas. (CEAO, 1981, p.79).

ITAPIOGANGA — 1. Nome da pedra sagrada para fundação de um templo na nação *Omolocô*. (PINTO, 1950, p.28).

IVAPORANDUVA — 1. Localidade existente na cidade de Eldorado, no Estado de São Paulo, onde vivem numa ilha, em estado que remonta aos quilombos, uma comunidade, formada por descendentes de escravos. Vivem da caça, da pesca e da agricultura primitiva. Segundo antropólogos africanos que visitaram o local, essa comunidade mantém, com muito rigor, usos e costumes que existem até hoje em aldeias de Moçambique. José Rodrigues da Silva e Rosely Dias da Silva são alguns dos líderes do lugar. Quando alguém morre, toda a comunidade se reúne na casa do falecido para rezas que, normalmente, duram a semana toda. (*Veja*, pp.18-19)

J

JÊGUEDÊ — 1. Passo de uma dança de negros possivelmente ligado à cultura iorubá. "...e o Jêguedê, em que ao compasso dos atabaques, com os pés juntos, os corpos se quebram aos poucos em remexidos sinistros" (MENDONÇA, 1973, p.142).

JIMBO — 1. Dinheiro. Do quimbundo *njimbu*, búzios. (MENDONÇA, 1973, p.142).

JINGA — Indivíduo dos *Jingas*, tribo de raça conguesa. (BARROSO, 1948).

JINGO — Na África Ocidental, cachimbo. (BARROSO, 1948).

JIRAMAVAMBO — O mesmo que Exu. Também conhecido como *Bambojira, Caracoci, Ingambeiro, Quitungueiro e Mancuce*. (CEAO, 1981, p.46).

JONGO — 1. Dança semi-religiosa. (CARNEIRO, 1961, p.20). 2. Dança dos negros nas fazendas. Termo banto. (MENDONÇA, 1973, p.143). Do quimbundo *jihungu*.

JUBIABÁ — 1. Nome de romance de Jorge Amado. (MENDONÇA, 1973, p.104). 2. Zelador-de-santo tido como iniciador de Joãozinho da Goméa.

K

KACHINAKAJI — 1. Termo banto, significa velho. (BARBOSA, 1953).

KAROKE — 1. Permissão. 2. Saudação usada pelas pessoas que não estão cuidando das muzenzas antes de lhes dirigir a palavra. (SILVA, 1983).

KONGO DIA NGANGA — 1. Cidade do chefe (BARBOSA, 1953).

KONGO DIA NWENE — 1. Cidade do sino (BARBOSA, 1953).

KOTA — 1. Pescoço (BARBOSA, Adriano C. *Língua Quioca*).

KUANJIRA — 1. Falar (BARBOSA, 1953).

KUENDA — 1. Morrer, falecer (BARBOSA, 1953).

KUFUNDA — 1. Enterrar (BARBOSA, 1953).

KUIEMA — 1. Tocar tambor, cantar (BARBOSA, 1953).

KUTALA — 1. Olhar (BARBOSA, 1953).

KUZENGA — 1. Embebedar-se (BARBOSA, 1953).

L

LEMBA ou LEMBA DI LÊ — 1. *Inquice ou bacuro*; o mesmo que Oxalá dos Nagôs. (CEAO, 1981, p.83).

LEMBARENGANGA — 1. Nome do terreiro dirigido por Maria das Mercês Corrêa, Salvador-BA, (CEAO, 1981, p.12). 2. *inquice ou bacuro*. O mesmo que *Oxalá*. (CEAO, 1981, p.83).

LIAMBA — 1. Nome de uma planta de que os negros faziam fumo. Parece originária do quimbundo *riamba*, cânhamo. (MENDONÇA, 1973, p.134). 2. Outros nomes pelo qual é conhecida: *diamba* e *maconha*.

LIBAMBO — 1. Corrente que prendia o pescoço de um escravo ao de outro, e também a que lhe prendia o tornozelo ao tronco. Do quimbundo *Lubambu*, corrente. (MENDONÇA, 1973, p.143).

LONGOZOÉ — 1. Tartaruga (MENDONÇA, 1973, p.88).

LUANGO — 1. *Inquice* ou *bacuro* igual a Xangô. Também conhecido como *Zazi, Inzazi ou Quibuco*. (CEAO, 1981, p.83).

LUANDA — 1. Região pertencente a Angola (AURÉLIO, 1986).

LUKUTU — 1. Pênis (BARBOSA, 1953).

LUNDA — 1. Região pertencente a Angola. (AURÉLIO, 1986). 2. Povo africano que habita um vasto distrito de Angola. A nordeste de Angola, lá pelo leste de Cuango, vive espalhado o subgrupo banto dos Lunda-Quiocos. Segundo uma lenda, Lundas e Quiocos seriam oriundos de um mesmo reino que a poderosa Lueji, Lua kondi governou, nas margens do rio Caji-Dichi. Por ali, apareceu um certo Ilunga, pertencente, talvez, ao reino de Luba, caçador destemido e famoso, atraído pela abundância e variedade de caça.

Lueji e Ilunda apaixonaram-se um pelo outro e, certo dia, reunido o conselho dos grandes senhores do reino, foi anunciado o casamento. A vida econômica dos lundas e quiocos decorre entre a caça, a pesca, a agricultura e o comércio (BARBOSA, 1953).

LUNDU — 1. Dança dos negros africanos, talvez de origem conguesa ou quimbunda. (MENDONÇA, 1973, p.144).

M

MABAÇA — 1. Gêmeo. O mesmo que babaça. Termo quimbundo. (MENDONÇA, 1973, p.144).

MACAIA — 1. Do quimbundo *makanha*. 2. Erva. 3. Folhas.

MACALA — Pedra. (PINTO, 1976, p.206).

MACAMBA ou MUCAMBA ou MUCAMA — 1. Escrava negra moça e de estimação que era escolhida para ajudar nos serviços caseiros ou acompanhar pessoas da família ou para ama-de-leite. (BARROSO, 1948). 2. Termo freqüente entre escravos no litoral do Rio de Janeiro para designar seus parceiros, conviventes na mesma fazenda. (BARROSO, 1948). 3. Companheiro, camarada. Do quimbundo *macamba*, camarada. (MENDONÇA, 1973, p.144).

MACAMBIRA — 1. Personagem do romance *Rei negro*, de Coelho Neto. (MENDONÇA, 1973, p.104).

MAÇANGO — 1. Pipoca, milho. (CEAO, 1981, p.85).

MACANHO — 1. Tabaco. (CEAO, 1981, p.85).

MACÁRIA — 1. É o mesmo que vassourinha-de-exu. É uma erva que espuma como sabão, ao ser atritada, alvejando a roupa sem necessidade de preparado químico. O terreiro, o estado, o pegi são limpos com macária. Possivelmente deve ser nome de procedência banta. (PINTO, 1950, p.74).

MACOTA — 1. O mesmo que *equéde no Quêto*. (CEAO, 1981, p.80). 2. Pessoa apontada por um *inquice* para vestir aquele *inquice*, para ser a sua camareira. 3. Canto: *Gunguê Aripépé Gunguê Aripépé- Macota Di Umbanda Aripépé Macota Di Umbanda Aripépé* 4. Maioral, graúdo entre os negros. Originado do quimbundo macota, maior. (MENDONÇA, 1973, p.144). 5. É o homem que risca os pontos a giz, as escritas chamadas *kirimbun* (BARBOSA, 1953).

MACULELÊ — 1. Misto de jogo e dança folclórica com utilização de bastão ou facão, remanescentes dos antigos cucumbis.

MACULO — 1. Diarréia com prolapso da mucosa anal. "Uma raiz banto (*kulo*, enorme) existente também em quimbundo, com prefixo *ma*, poderia ter originado *maculo*, moléstia que traz uma inflamação anal. (MENDONÇA, 1973, p.145).

MACUMBA — 1. Do quimbundo *ma kuba*. Trata-se de instrumento, espécie de um reco-reco, montado sobre cavalete, horizontalmente, com um couro de cada lado, no Maranhão. (CARNEIRO, 1961, p.14). 2. Reunião de cumbas; macumbeiros. (CARNEIRO, 1961, p.20). 3. Umbanda, como diz Chatelain, deriva-se *ki- Mbanda*. Por meio do prefixo U, no Rio de Janeiro Umbanda seria a magia branca e Quimbanda, a magia negra — e esta última ligar-se-ia à macumba. Outros vêem impropriedade no termo, que designaria não os cultos, mas um *instrumento musical*, descrito (BRAGA, 1951) como "vara de ipê ou de bambu, cheia de dentes, com laços de fita em uma das pontas, na qual um indivíduo, com duas varinhas finas e resistentes, faz o atrito sobre os dentes, tendo uma das pontas da vara encostada na barriga e a outra encostada na parede". (CARNEIRO, 1961, p.169). 4. Jongueiro ruim, que tem parte com o demônio, que faz feitiçaria; reunião de *cumbas*, segundo observação de Renato Almeida.

MACUMBÉ — 1. Planta medicinal existente na África, cujo nome científico é *Swartzia Madagascaritensis* (BARBOSA, 1953).

MACUMBI — 1. Planta medicinal ou destinada a enfeite, de nome científico *Odina Acida*, muito usada antigamente pelos curandeiros africanos.

MACUTA — 1. Moeda de cobre de Angola. Tem o valor de trinta réis. Do quimbundo *mukuta*, moeda. (MENDONÇA, 1973, p.145).

MACUTO — 1. Mentira, inverdade. Do quimbundo *makuto*, mentira. (MENDONÇA, 1973, p.145).

MAHAMBA — 1. Sepultura dos Quiocos (BARBOSA, 1953).

MAIACA — 1. Farinha. (CEAO, 1981, p.85).

MAIANGA ou MAIONGÁ — 1. Banho Sagrado. (CEAO, 1981, p.80). 2. Banho que as *Muzenzas* tomam durante o período de iniciação, na fonte ou no riacho mais próximo, com a assistência do *tata* ou *mameto-de-inquice* (CARNEIRO, 1961, p.118).

MAIOMBE — 1. Floresta ou matagal (BARBOSA, 1953).

MALAMBA — 1. Desgraça, infelicidade. Parece originado do quimbundo *malamba,* desgraça. (MENDONÇA, 1973, p.146). 2. Pedir misericórdia aos inquices ou bacuros nos dias próprios (PINTO, 1950, p.54).

MALANDIANSAMBE — Dijina da primeira *Mameto inquice do Kalabetá* — Maria Santana Corqueijo Sampaio.

MA-LAVU — 1. É vinho de palma, extraído principalmente da *Raphia Gentili* e da *Rapha Laurentii*. Popularmente é chamada de palmeira *Saro* (BARBOSA, 1953).

MALÊ — 1. Negro muçulmano vindo do Sudão. Talvez corruptela do nome geográfico *Mali,* afamado Império Africano. (MENDONÇA, 1973, p.146).

MALEMBA — 1. Antepassados masculinos (BARBOSA, 1953).

MALEMBÁ — 1. Nome de entidade incorporada por José Espinguele, no Morro da Mangueira, seu *Malembá é* identificado como Exu (SILVA, 1983-m).

MALEMBE — 1. Perdão. Misericórdia. Cantiga: "Maleme, maleme/Salve o povo de Aruanda" (bis). 2. Cântico de misericórdia. (CEAO, 1981, p.80). 3. Existia antigamente o dia do perdão aos nossos inimigos, pois dentro do nosso culto, ninguém pode fazer vingança pelas suas próprias mãos. Faz-se sempre uma obrigação, deixando que o inquice resolva, porque, quando se faz por nossa conta, arcamos com a responsabilidade, podendo nos dar bem ou mal (PINTO, 1950, p.59).

MALUNGA — 1. Manilha usada pelos negros como distintivo de nobreza. Talvez derive do quimbundo *malunga,* manilha. (MENDONÇA, 1973, p.146).

MALUNGO — 1. Camarada, companheiro. Sinônimo de *macamba.* É termo quimbundo (MENDONÇA, 1973, p.146). 2. Companheiro (PINTO, 1950, p.40).

MAMETO-DE-INQUICE — 1. Também conhecido como *mameto* (mãe); *Mameto Inquiciane,* cuja tradução literal é mãe-de-santo oriunda do culto de Angola. (PINTO, 1950, p.25).

MANAFUNDO — 1. Termo quimbundo que significa príncipe, figura do cortejo na coroação de um rei negro no Rio Colonial. (MENDONÇA, 1973, p.146).

MANCUCE — O mesmo que Exu. Também conhecido como *Bambojira, Jiramavambo, Quitungueiro e Caracoci* (CEAO, 1981, p.46).

MANDINGA — 1. Feitiço, arte mágica. Termo nascido da fama de feiticeiros que gozavam os negros mandês ou mandingas. Mandingueiro. (CARNEIRO, 1961, p.186). 2. Feitiço, talismã para fechar o corpo. (MENDONÇA, 1973, p.147).

MANES — 1. Almas, espíritos, consideram os negros bantos. 2. Já Cícero afirmava em seu *De Le-*

gibus, dando o seu conceito de religião, "que não há gente tão bárbara e tão selvagem que não saiba que há Deus..." Assim, nenhum povo ignora a existência de um criador e senhor do mundo. Dentro deste conceito, pressupõe-se necessariamente a crença na existência de poderes sobrenaturais que levam o homem ao contato com as divindades. Segundo Challis: "...um grande chefe banto, Soba, tinha por hábito subir a uma montanha e lá fazer as suas preces a Deus. O seu filho, que lhe sucedeu, sentiu medo de se aproximar do grande Deus que seu pai adorava e, então, chamou o espírito de seu pai para que intercedesse por ele e pelo seu povo diante do criador de todos; assim fez o filho do filho do Soba e as outras famílias até que passaram a adorar os espíritos de seus ancestrais. Dessa maneira, Deus foi posto de lado e os bantos passaram a invocar os manes." Manes são as almas dos vivos depois de mortos. Muitos são os nomes pelos quais os diversos povos bantos designam a Deus: *Nzâmbi, Kalunga, Mulungu, Mukuru, Umbumbi* e outros.

MANHINGA — 1. Sangue (BARBOSA, 1953).

MANIPANSO — 1. Ídolo. Termo africano segundo. (MENDONÇA, 1973, p.147) 2. São as divindades existentes na Guiné Bissau. Também como os orixás nagôs são enfeitados com cauri, búzios (SILVA, 1983).

MANSA — 1. Rei, imperador. Parece que vem do *Mandinga, Mansa* (MENDONÇA, 1973, p.147).

MANSO BANDUNQUENQUE — 1. Nome do terreiro do falecido tata Bernardino do Bate-Folha, cujo nome civil era Manuel Bernardino da Paixão. (CEAO, 1981, p.19).

MAPÔA — 1. Vulva, boceta, tabaca.

MARACATU — 1. Dança dos africanos. (MENDONÇA, 1973, p.147). 2. Cortejo carnavalesco realizado ao som de instrumentos de percussão e conduzindo a boneca chamada Calunga; pertence ao folclore pernambucano.

MARAFO — 1. Qualquer bebida. (CEAO, 1981, p.80). 2. Cachaça, aguardente. Termo africano colhido em uma macumba. (MENDONÇA, 1973, p.148).

MARIMBONDO — 1. Inseto, vespa. Do quimbundo *marimbondo*, vespa. (MENDONÇA, 1973, p.148).

MARIMBA — 1. Espécie de tambor. Do quimbundo marimba, tambor. (MENDONÇA, 1973, p.148).

MARIMBAU — 1. O mesmo que Berimbau. Do quimbundo *mbirimbau*. (MENDONÇA, 1973, p.148).

MASANGA — 1. Várias miçangas; uma miçanga é *Usanga*.

MASARINACIHIU — Inscrição existente no Barracão de Bernardino Bate-Folha, de origem do Congo, que se traduz como: "Deus mais do que tudo." (CARNEIRO, 1961, p.77).

MASSURUMI — 1. O culto Mujolos Malê é originário dos negros massurumi (PINTO, 1950, p.26).

MATABELÊ — Tradicional máscara de rituais dos negros bantos, negros e brancos na Cultura Religiosa Afro-Brasileira. (PINTO, 1976, p.64).

MATACO — 1. Assento, coxa. Termo chulo, usado entre negros. Talvez originado do quimbundo *mataku*, assento. (MENDONÇA, 1973, p.148).

MATALAMBÔ — 1. Inquice ou bacuro identificado com Oxóssi dos nagôs (CARNEIRO, 1961, p.88). 2. Cantos dedicados aos bacuros: a) *Kelodirá Kelomatá Oxóssi e Mata Lmabô aê aê Kelodirá Kelomatá*; b) *Caça Caça no Kaindé Fulaê Fulaô/ Caça Caça no Kaindé Oxóssi e matalambô*; c) Oxóssi é caçador. Ele é um rei. Ele é tata na Arucaia. Olha na Aruanda ê olha na Aruanda ê.

MATAMBE — 1. O mesmo que Caiango e Angurucema. Corresponde a *Oiá do Queto*. (CEAO, 1981, p.36).

MATANGA — 1. Velório, ato de velar um cadáver. Termo banto. (MENDONÇA, 1973, p.149).

MATOMBO — 1. Canteiro, leira, em que se planta de estaca a mandioca. Talvez termo quimbundo. (MENDONÇA, 1973, p.149).

MATUNGO — 1. Cavalo velho, inútil. Termo africano. (MENDONÇA, 1973, p.149). 2. Instrumento musical dos negros. Termo africano. (MENDONÇA, 1973, p.149).

MAVAMBO — inquice ou bacuro ou calundu identificado com o Exu dos nagôs. (CARNEIRO, 1961, p.159).

MAXAMBOMBA — 1. Era o antigo nome de Nova Iguaçu, estação da linha férrea da Central do Brasil, no Estado do Rio. Parece termo banto. (MENDONÇA, 1973, p.150).

MAXIXE — 1. Fruto de uma cucurbitácea. Do quimbundo *maxixe*, plural de *rixixe*. O termo conservou-se íntegro em português. (MENDONÇA, 1973, p.150).

MAZA — 1. Água (BARBOSA, 1953).

MAZANZA — 1. Relaxado, indolente. Termo africano. (MENDONÇA, 1973, p.150).

MAZI — 1. Azeite-de-dendê. Palavra usada dentro da cultura do Congo (CEAO, 1981, p.80).

MBANDA — 1. Curador de males espirituais por encanto, curandeiro, feiticeiro (BARBOSA, 1953).

MBANZA — 1. Terreiro; praça pública. Também conhecido como *Mbazi* ou *Baji*.

MBANZA KONGO DIA NTOTELA — 1. Cidade do rei (BARBOSA, 1953).

MBAZI — 1. Terreiro; praça pública. Também conhecido como *mban*za ou *Baji* (BARBOSA, 1953).

MEIÃ — 1. Água. (CEAO, 1981, p.80).

MENGA — 1. Sangue; o mesmo que xôxô. 2. Nos cultos africanos o sangue é a representação da vida. Por isso, a razão do holocausto de animais (SILVA, 1983).

MENGUENZÁ — 1. Menstruar. (CEAO, 1981, p.85).

MESA DOS CACHORROS — 1. Nos dias consagrados aos santos católicos São Roque e São Lázaro, é oferecido ao inquice correspondente no culto Omolocô e Angola a Fungê, uma mesa arrumada com as comidas votivas desta entidade e oferecida a sete cachorros (PINTO, 1950, p.51).

MIÇANGA — 1. Contas de vidro, jóias de valor. Do cafre Misanga, continhas de vidro. (MENDONÇA, 1973, p.150).

MIGUI — É o mesmo quelê dos nagô. Fio de contas que envolve o pescoço dos iniciados. (CEAO, 1981, p.43).

MILONGA — 1. Quer dizer mistura. Na senzala, havia todas as nações de santo e, quando era possível, os escravos faziam qualquer coisa das obrigações deles. Então cada um pegava, fazia um pouco da nação do outro. (CEAO, 1981, p.36). 2. Palavrada, mexerico. Do quimbundo milonga, plural de mulonga. (MENDONÇA, 1973, p.150).

MINAS — 1. Povo também conhecido como Txis, localizado no Ocidente da África e que teve participação na colonização brasileira. Seus costumes e sua língua foram estudados pelos alemães quando colonizaram Camarões. Há estudos feitos por portugueses localizados na Guiné Bissau e alguns dialetos foram identificados. Em Angola, há interesse pelo desenvolvimento destes estudos e o Ifan.

MINGONGO — 1. "*Gongolô* ou *Mingongo* é a larva de um inseto que ataca o coco babaçu — o *Burchus Nucleorum, Fabr*. Os naturais do Maranhão comem-no assado e reputam-no saboroso alimento" (MENDONÇA, 1973, p.151).

MINHOCA — 1. Verme anélido. Parece vocábulo quimbundo munhoka, cobra (cordeiro-da-mata). (MENDONÇA, 1973, p.151).

MIRONGA — 1. Segredo. Termo africano de origem banto. (MENDONÇA, 1973, p.151).

MOBICA — 1. Negro forro, escravo liberto. Do quimbundo *mubika*, escravo. (MENDONÇA, 1973, p.151).

MOCAMBO — 1. Esconderijo, refúgio dos escravos fugidos. Do quimbundo Mucambu, esconderijo (MENDONÇA, 1973, p.152).

MOÇAMBIQUE — 1. Negros procedentes do Porto da Contra Costa. (MENDONÇA, 1973, p.151). 2. Dança dos negros. Área geográfica, Minas Gerais, São Paulo e Goiás, segundo Mario de Andrade em *As danças dramáticas no Brasil*, p. 81. (MENDONÇA, 1973, p.151).

MOLEQUE — 1. Menino, rapazote entre os negros. Do ambundo *muleke*, menino. (MENDONÇA, 1973, p.152).

MONA — 1. Filha. (CEAO, 1981, p.80).

MONA INQUICIANE — 1. Filha-de-santo (CEAO, 1981, p.37).

MONDIÁ — 1. Azar, jetatura e, por extensão, rixas, desavenças. Termo africano. (MENDONÇA, 1973, p.152).

MONDONGO — 1. Nome de um povo negro introduzido na Bahia. Termo quimbundo. (MENDONÇA, 1973, p.152).

MONGOLÔ — 1. Árvore de Angola. "...de Mongolo, árvore africana, com acutização" (MENDONÇA, 1973, p.152).

MONO — 1. Filho. (CEAO, 1981, p.80).

MUAFA — 1. Bebedeira, embriaguez. Termo africano. (MENDONÇA, 1973, p.153).

MUAMBA — 1. Espécie de canastra para transporte, na África. (BARROSO, 1948). 2. Negócio ilícito, velhacaria. Do quimbundo *muhamba*, cesto em que os carregadores trazem a carga (MENDONÇA, 1973, p.153). 3. Feitiço, trabalho feito; conotação dada dentro das macumbas do Rio de Janeiro.

MUANA PASA — 1. Os dois gêmeos. Um dos dois gêmeos chama-se Ana Pasa (BARBOSA, 1953).

MUANAN-PUO — Máscara pertencente à cultura dos Luanda-Quioco, subgrupo banto. (PINTO, 1976, p.109).

MUCAMA — 1. Arrumadeira. (MENDONÇA, 1973, p.96). 2. Escrava predileta que servia à senhora. Do quimbundo *mukama*, o termo é muito conhecido em Angola, significa escrava amásia de seu senhor. (MENDONÇA, 1973, p.154).

MUCAMBA — 1. Homem que ajuda a acompanhar os cânticos (BARBOSA, 1953).

MUCANDA — 1. Rito de passagem masculina para a puberdade. Escola de puberdade ou circuncisão. Depois da cerimônia, o *Nganga Mukanda* não pode ter relações sexuais com sua mulher até que os meninos estejam curados. Observam a semelhança com alguns rituais religiosos afro-brasileiros.

MUCUIU — 1. Bênção. (CEAO, 1981, p.80).

MUCUNÃ — 1. Um dos nomes pelo qual é conhecido o inquice Dandalunda dos bantos, correspondente ao orixá Iemanjá dos negros nagôs (SILVA, 1983). Canto referente ao inquice:
"Mamãe Ki Mukunã é de Mamãe ki Mukunã Mamãe Ki Mukunã Sinha Kênkê Ki Mukunã."

MUFU — 1. Cadáver (BARBOSA, 1953).

MUJINGA — Limpeza ritual.

MUJIMBA — 1. Corpo (BARBOSA, 1953).

MULATO — 1. "...muitas vezes o feitor do engenho (...) odeia os brancos porque ainda não é branco e despreza os negros, porque já não é negro..." (MENDONÇA, 1973, p.96).

MUNÃ — Menino. Para o inquice cangira o mesmo que Ogum. Canto:
*Seu Kangira Munã Mê
Munã Mê Munã Angoma* (bis).

MUNAZENZA — Homem catulado, pintado e raspado. Permanece neste estado até atingir a maioridade, quando passa a ser considerado pela comunidade.

MUNGO — 1. Sal. (CEAO, 1981, p.85).

MUNGONGE — 1. Rito executado pelos Quiocos, subgrupo banto e destinado aos candanje circuncisos.

MUNGONGO — 1. inquice igual ao Orixá Ogum.
2. Canto em seu louvor:
a) *Olha a minha terra
O Mungungo
O Canjira auê* (bis);
b) *Ô Mungongo ô Mungongo Mungongê* (bis).

MUNGUNZÁ ou MUGUNZÁ ou MUNGUZÁ — 1. Iguaria feita de grãos de milho branco cozidos em caldo açucarado, às vezes com leite de coco ou de gado. O mesmo que chá-de-burro. (BARROSO, 1948). 2. Massa de milho cozido. Faz parte da culinária africana. (MENDONÇA, 1973, p.154).

MUJOLOS-MALÊ — 1. Culto que vem dos negros massurumis. (PINTO, 1950, p.26).

MULAMBO — 1. Trapo, roupa esfarrapada. Termo quimbundo. (MENDONÇA, 1973, p.154).

MULUNGU — 1. Árvore leguminosa de origem africana usada ritualmente no culto. (MENDONÇA, 1973, p.154).

MUMBANDA — 1. O mesmo que mucamba. Talvez derivado de Minhanda. (MENDONÇA, 1973, p.154).

MUGANGA — 1. Abóbora grande. Há dúvida se é termo quimbundo. (MENDONÇA 1973, p.154).

MUNHAMBANA — 1. Nome de um povo negro importado para o Brasil procedente do Sul da África. Termo banto. (MENDONÇA, 1973, p.155).

MUNJOLA — 1. Nação existente dentro de Angola chamada Angola Munjola. (CEAO, 1981, p.36).

MUNTU — 1. Pessoa. O plural da palavra é *bantu*, pessoas (BARBOSA, 1953).

MUNZUÁ — 1. Cesto comprido de boca afunilada para pescar. Termo africano segundo Teschauer. (MENDONÇA, 1973, p.155).

MUQUÁ — 1. Companheiro. Do quimbundo (Pereira do Nascimento). (MENDONÇA, 1973, p.155).

MURILA — 1. Significa vela. Na seita Omolocô, temos a murila ojim (vela de pura cera) e a candeia com azeite-de-mamona, que tem um grande significado na sua origem e no nosso culto.

As velas de sebo não podem ser acesas nos altares das igrejas, e os umbandistas observam o mesmo preceito. A religião católica não as utiliza por causa dos romanos, que antigamente fabricavam tochas com o sebo humano dos católicos sacrificados nas arenas do Coliseu. Daí o surgimento das procissões noturnas, que são simbolizadas como protestos pela antiga Roma, que os entregava para serem queimados, crucificados e entregues às feras famintas. (PINTO, 1950, pp.33-34).

MURUNDU — 1. Morrete ou monte, montículo de coisas, de roupa, de pedras. Do quimbundo *mulundu*, montanha. (MENDONÇA, 1973, p.155). 2. Nome de um cemitério no Realengo, bairro no município do Rio de Janeiro. (MENDONÇA, 1973, p.156).

MUTACALOMBÔ — 1. *Inquice* ou *bacuro* também chamado *Mutacuzambê* ou *Congombira*. O mesmo que *Oxóssi* dos nagôs. (CEAO, 1981, p.83).

MUTACUZAMBÊ — 1. *Inquice* ou *bacuro* também chamado *Mutacalombô* ou *Congombira*. O mesmo que *Oxóssi* dos nagôs. (CEAO, 1981, p.83).

MUTAMBA — 1. Nome comum de uma planta no Brasil (G. Ulmifólia). Do quimbundo *mutamba*, tamarindeiro. O nome foi dado à planta pelos negros em razão da analogia com a de seu país. (MENDONÇA, 1973, p.156).

MUTUÊ — 1. Cabeça. (CEAO, 1981, p.80). 2. Termo banto, cabeça (BARBOSA, 1953).

MUZENZA — 1. Noviça do culto catulada, raspada e pintada. Permanece neste estado até atingir a maioridade espiritual, quando passa a ser considerada pela comunidade uma *cota*. 2. Canto executado nas saídas de feitura nas nações de Angola:
"É Muzenza é Muzenza maior é Muzenza
é Muzenza que eu dou e Muzenza é Muzenza meu Pai é Muzenza."

MUXIBA — 1. Carne magra, pelanca. Por extensão, coisa ruim. Do quimbundo *muxiba*, veia, artéria. (MENDONÇA, 1973, p.156).

MUXICONGO — Inquice originário do Congo. (PINTO, 1976, p.111).

MUXINGA — 1. Surra, coça, tunda e, primitivamente, açoite. Do quimbundo *muxinga*, açoite. (MENDONÇA, 1973, p.157).

MUXOXO — 1. Sinal de aguastamento, enfado: som produzido com a língua aderida aos dentes. Termo originado do quimbundo. "Ora defuntos! — respondeu Virgílio com um *muxoxo*" (Machado de Assis, *Braz Cubas*, Garnier, p. 15). (MENDONÇA, 1973, p.157).

MUZAMBÊ — 1. Não conseguimos apurar o sentido exato, pensamos ser termo de origem quimbundo, onde *muzambu* significa adivinhação. (MENDONÇA, 1973, p.157).

N

NASCIMENTO DE CRIANÇA — 1. A criança, ao nascer, era defumada com alfazema, mirra, benjoim e incenso. Ao completar um mês de idade, era apresentada à lua cheia. Havia o ciclo setenário, onde se tinham cuidados especiais: aos sete dias, aos sete meses e aos sete anos (PINTO, 1950, p.83).

NDENGUE — 1. Dengo. 2. Designação familiar de menino. 3. Choradeira de criança. 4. Mimo. 5. Manha (BARBOSA, 1953).

NEMBANDA — 1. Rainha, segunda figura na antiga coroação dos reis negros no Rio Colonial. (MENDONÇA, 1973, p.157).

NÊNGUA DE INQUICE — 1. Título feminino existente no culto banto equiparado ao de zelador-de-santo (CEAO, 1981, p.80).

NESSÉ — Olho. Palavra usada somente pela cultura Congo. (CEAO, 1981, p.38).

NGANGA — 1. Feiticeiro do culto de Congo. (BRÁSIO, s/a). Cantiga para Bombogira:
"Nganga com Nganga Malekô Bombogirê Nganga."
Cantiga para Matamba, o mesmo que Iansã:
"Minha mãe Garuana ela é dona de Gonga
Rerê rerê rerê rerá
Minha mãe garuana quero vê Nganga Zumbá."

NGANGA IANVULA — 1. Sacerdote ou feiticeiro da chuva (BARBOSA, 1953).

NGANGA IA ITA — 1. Sacerdote ou feiticeiro da chuva (BARBOSA, 1953).

NGANGA IA MULOJI — 1. Sacerdote ou feiticeiro das bruxarias. Era chamada Mulemba, Ficus Welwitschi Warb. Debaixo dela, nas noites de lua cheia ou de lua nova, era quando podiam professar seu culto, muito misterioso e fechado. Os frutos da árvore eram parecidos com o fruto da macieira e cada fruto tinha uma cor que, se unidas todas as cores, dava um número exato de sete. Suas raízes eram grossas e profundas. De tempos em tempos, ela se enchia de folhas; às vezes, ficava completamente desfolhada. Cada sacerdote tinha a sua especialidade. Quando ocorria o falecimento de um desses sacerdotes pertencentes a uma das diversas tribos que sob sua copa se reuniam, ou um de seus guerreiros, eram os mesmos enterrados ao pé da árvore, com tudo aquilo que em vida lhe pertencia e, em seguida, fechavam a sepultura. Passados sete anos após o enterro do morto, era aberta a sepultura, onde invariavelmente não se encontrava mais nada, a não ser os ossos. Da ossada encontrada naquela sepultura eram feitos bakinté, máscaras de madeira de ébano, e *itike*, patuá ou breve, para fazer simpatias para a cura do mal pertencente ao morto, ou seja, seu *hamba*, força para defender os vivos daquela doença que matou o guerreiro ou o sacerdote. Não só eram feitos esses tipos de rituais. Faziam-se as mais variadas espécies de práticas litúrgicas. Ali, também, eram arriados outros tipos de oferendas para as suas entidades. Este mesmo costume foi introduzido no Brasil pelos escravos bantos e, até hoje, ainda existe dentro do ritual umbandista. É óbvio que resguardadas as devidas proporções culturais (BARBOSA, 1953).

NGOMBE — 1. Boi, gado. Termo quimbundo, boi, vaca. Este termo desapareceu deixando vestígios no nome popular de uma erva medicinal, *Mariangombe*, que o povo alterou para *Maria Gomes* (Macedo Soares). Em Alagoas e Pernambuco, também existe uma erva chamada "bredo manjangome" [1] [2] (MENDONÇA, 1973, p.158).

NGOMBO — 1. Adivinho, feiticeiro em quimbundo. (MENDONÇA, 1973, p.137).

NGOMBO — 1. É uma pequena quinda com objetos, dos mais variados e excêntricos, que a mente africana é fértil em conceber e destinada ao jogo de adivinhação. 2. Quando um dos convivas herdava um *ngombu* de um parente seu morto, mandavam o morto tomar conta do vivo e que, para já, faça-se a *hamba ngombo*, ou seja, espetavam no chão dois paus de *mulemba*, em frente à porta da casa do vivo, degolava-se um galo e uma galinha e punham as cabeças em cada uma das extremidades dos paus. Desta maneira, acabavam-se os seus sofrimentos (BRASIO, s/a).

NGUNGA — 1. Sino, sineta de colégio (termo que desapareceu da língua). Do quimbundo *ngunga*, sino (MENDONÇA, 1973, p.158).

NIMUATO — Mulher; termo usado estritamente dentro da cultura do Congo (CEAO, 1981, p.38).

NJIMA — 1. Nome. Termo banto conhecido como *dijina* (BARBO-

SA, 1953). 2. Nome dado pelo zelador-de-santo por meio do jogo de *nzimbu*, búzios.

NZINGA — Rainha Ginga de Angola, a famosa defensora ferrenha da autonomia de seu reinado contra os portugueses (PINTO, 1976, p.23).

NTINU — 1. Rei (BARBOSA, 1953).

NUTUÊ — Cabaça. Palavra usada especificamente pela cultura Congo (CEAO, 1981, p.38).

NZALA — 1. Fome. Expressão usada no culto banto, referindo-se à sensação de fome: *"nzala muketo."*

NZAMBI AMPUNGU — 1. Deus dos bantos.

NZIMBU — 1. Também chamado *nzimbu kytombe, jimbo*, dinheiro e búzios. 2. São conchas de moluscos retiradas do mar que eram usadas como dinheiro pelos negros bantos. Dentro do ritual religioso, as maiores são usadas para o assentamento de santo e as menores são ritualmente preparadas para o jogo de adivinhação feito pelo *tata-de-zambura*, e como componente nos assentamentos dos *bacuros*, na confecção de indumentárias e de símbolos cabalísticos, tais como: *azé, xaxará e caxixi*.

O

OCALA — 1. Dentro do culto *Omolocô*, segundo explicação do *tata* Tancredo, a função do *Ocala*, também chamado *Cambono de Ocala*, é a de orientar os presentes quando da iniciação e saída de um novo iniciado, as cerimônias que serão realizadas (PINTO, 1950, p.18).

OMOLOCÔ — 1. A origem do culto *Omolocô* vem do Sul de Angola, sendo uma nação pequenina às margens do rio Zambeze, que tem como Deus *Zambi*, que lhes dava a alimentação necessária, proveniente das enchentes. O povo *Lunda Quioco* deu origem ao culto do Omolocô.

Na cerimônia de iniciação, três dias são passados dentro da camarinha, deitado, e quatro guardando o devido preceito, de pé. Os frutos sagrados — o *obi* e o *orobô* de quatro quinas — são oferecidos ao camutuê do iniciado, sendo que 1/4 é comido pelo iniciante e os 3/4 restantes são repartidos entre o tata, o padrinho e madrinha.

Depois de comidos três obis e oborôs, ao longo de 21 anos é que o iniciante terá o seu próprio arbítrio (PINTO, 1950, pp. 9-11).

ORUCUNGO — 1. Instrumento utilizado nos dias de desenvolvimento dentro do culto de *Omolocô* (PINTO, 1950, p.80).

P

PAGAUÔ — Bacuro Tempo (PINTO, 1976, p.193).

PANGO — 1. Erva mirtácea da África *(Canabis Indica)*, de cujas folhas os negros fazem uma espécie de fumo para cachimbar. Há dúvida sobre sua origem etimológica (MENDONÇA, 1973, p.162).

PARANGA — 1. Terra. (PINTO, 1976, p.114). 2. Terra. (PINTO, 1950, p.60).

PANJIRA — 1. *Exu* feminino dos cultos bantos.

107

PATUÁ — 1. Saco de couro que se leva a tiracolo. Há dúvida sobre sua origem etimológica. (MENDONÇA, 1973, p.163).

PAVENÃ — Nome pelo qual é conhecido Exu nas nações de Angola/Congo. (CARNEIRO, 1961, p.85).

PEMBA ou PEMBE — 1. Pó usado no ritual de Angola Congo. (CEAO, 1981, p.80). 2. Giz, cujo nome em Angola é *Pembe*. (CARNEIRO, 1961, p.168).

PIRIPIRI — 1. Pimenta. (CEAO, 1981, p.85).

POÇUM BETA — Terreiro dirigido pelo Sr. Manuel Vitorino Costa (Manuel Falefá).

PUÍTA — 1. Tambor angolense. (MENDONÇA, 1973, p.93). 2. Tambor dos negros, de forma cilíndrica. Do quimbundo *Puíta*, tambor. (MENDONÇA, 1973, p.163).

Q

QÜENDÁ — 1. Ir embora. 2. Morrer. (CEAO, 1981, p.36).

QÜENDÁ XIGUNZÓ — 1. Ir embora para casa.

QUENGA — 1. Guisado de quiabo com galinha. Termo africano. (MENDONÇA, 1973, p.163).

QUERÊ-QUERÊ — 1. Um dos nomes pelo qual é conhecida a deusa *Nanã* dentro dos cultos bantos.

QUIABO — 1. Fruto do quiabeiro, planta da família das malváceas, gênero *Hibiscus*. O termo e o vegetal são de origem africana, quimbundo. (MENDONÇA, 1973, p.163).

QUIANDA — 1. É um dos nomes de Iemanjá, *Orixá* dos nagôs, dentro da etnia banta.

QUIBACA — 1. Nome de um engenho da Bahia, pertencente à família Calmon. Termo africano. (MENDONÇA, 1974, p.164). 2. Bráctea das palmeiras. Área geográfica utilizada, Alagoas (B. Rohan). (MENDONÇA, 1974, p.164).

QUIBANDO — 1. Peneira de junco. Termo originário do quimbundo *kibandu*, peneira. (MENDONÇA, 1974, p.164).

QUIBÊBÊ — 1. Originária do quimbundo *kibebe*. (AURÉLIO, 1986). 2. Comida feita com abóbora, leite de coco e sal. (CARNEIRO, 1961, p.189).

QUIBUCO — 1. *Inquice* ou *bacuro* também conhecido com os nomes de *zazi, inzazi ou luango*. O mesmo que Xangô. (CEAO, 1981, p.83).

QUIBUNGO — 1. "*Quibungo* é um bicho meio homem, meio animal, tendo uma cabeça muito grande e também um grande buraco no meio das costas, que se abre quando ele abaixa a cabeça e fecha quando a levanta". Do termo quimbundo *kibungu*, lobo. (MENDONÇA, 1973, p.164).

QUIÇAMA — 1. Nome de um afamado engenho de açúcar no Estado do Rio de Janeiro. O termo vem de Quissamã, cidade de Angola. (MENDONÇA, 1973, p.164).

QUICONGO — 1. Título usado no culto banto (CEAO, 1981).

QUIFUMBA — 1. Cozinha (CEAO, 1981, p.81).

QUIFUMBERA — 1. Encarregada da cozinha (CEAO, 1981, p.81).

QUIJANA — 1. Banho ritual (CEAO, 1981, p.81).

QUIJAVA — O mesmo que o banho de *Abô* dos nagôs. (CEAO, 1981, p.43).

QUILOMBO — 1. Povoação fortificada dos negros fugidos do cativeiro. Do quimbundo *kilombo*, povoação. (MENDONÇA, 1973, p.164). 2. Um importante capítulo na história da comunidade negra é o das diversas tentativas de sobrevivência, por meio da fuga do regime de escravidão. A luta pela libertação levou o escravo à fuga para tentar reconstituir a vida em aldeias livres e protegidas: os Quilombos. Havia Quilombos no Guaporé, no alto Rio Branco, em Roraima, no Maranhão e no Nordeste, em Minas, São Paulo e no Sul. Em Santos, no final do período da escravidão, havia dez mil negros no Morro do Jabaquara, fugidos das fazendas de café. Houve Quilombos efêmeros, destruídos por incursões violentas e vingativas. Outros duraram longamente, como Palmares, na Serra da Barriga, em Alagoas. E poucos perduram até hoje, como o Quilombo de Calunga, a 400 quilômetros ao Norte de Brasília, DF, às margens do rio Paraná. (CNBB, 1988, p.26).

QUIMAMA — 1. Iguaria de gergelim, farinha e sal. Termo quimbundo *kimyama*, carne, comida. (MENDONÇA, 1973, p.166).

QUIMANGA — 1. Vasilha de madeira em que os jangadeiros guardam comida. Talvez o termo provenha do quimbundo *Kiman-ga*, cesto. (MENDONÇA, 1973, p.166).

QUIMBANDEIRO — 1. É uma pessoa pertencente ao culto umbandista, especializada em curar os males dos seus irmãos de culto.

QUIMBEMBE — 1. Bebida feita com milho fermentado. (MENDONÇA, 1973, p.166).

QUIMBEMBÉQUES — 1. Berloques que as crianças trazem ao pescoço (R. Garcia). Termo quimbundo. (MENDONÇA, 1973, p.166).

QUIMBÊTE — 1. Batuque de escravos (hoje, é vocábulo morto). (MENDONÇA, 1973, p.166).

QUIMBÔBÔ — 1. Quiabo.

QUIMBÔTO — 1. Feiticeiro. Termo quimbundo. (MENDONÇA, 1973, p.166). 2. Existe uma cantiga no culto Omolocô onde aparece a palavra quimbôto, talvez no sentido do inquice Omolu dos nagôs:
"*Embala na calunga*
Quibôto ê vem
Quibôto é João Pé Pé"

QUIMBUNDO — 1. Indivíduo dos quimbundos, indígenas bantos de Angola; a língua desses indígenas. (AURÉLIO, 1986). 2. Os jesuítas Francisco Porcânio e Pedro Dias publicaram trabalhos sobre o Quimbundo em 1643 e 1697 (MENDONÇA, 1973, p.4).

QUINDIM — 1. Meiguice, enfeite. Termo africano. (MENDONÇA, 1973, p.167).

QUINGOMBÔ — 1. Sinônimo de quiabo. Do quimbundo *Kingombo*, quiabo. (MENDONÇA, 1973, p.167).

QUINGONGO — 1. Inquice ou bacuro também conhecido com os nomes de *Cavungo* e *Cabalanguanje*. O mesmo *Omolu* dos nagôs. (CEAO, 1981, p.83).

QUINGUNGU — 1. Eram feitos pelos escravos para limpar moendas dos engenhos. Termo de aspecto quimbundo. (MENDONÇA, 1973, p.167).

QUINSABA — 1. Responsável pela colheita das *Insabas* (ervas). (CEAO, 1981, p.37).

QUIOCOS — 1. Povo banto existente em Angola.

QUIPOQUÉ — A origem é provavelmente africana. *S. M. Bras*. R.S. Iguaria de feijão partido e cozinhado com diversos temperos.

QUISSAMBO — 1. Inquice ou bacuro relacionado com as fontes, os lagos e com a água doce, como a Oxum dos nagôs. (CEAO, 1981, p.83).

QUISSIMBI — 1. Inquice ou bacuro também conhecido com o nome de *Dandalunda*, e está relacionado com o mar como a Iemanjá dos nagôs (CEAO, 1981, p.83).

QUITANDA — 1. Venda de verduras, frutas e outros vegetais comestíveis. Do quimbundo *kitanda*, feira (MENDONÇA, 1973, p.167).

QUITUNGO — 1. Sinônimo de gongá, altar. Termo quimbundo. (MENDONÇA, 1973, p.167).

QUITUTE — 1. Iguaria de apurado sabor. Do quimbundo *kitútu*, indigestão. (MENDONÇA, 1973, p.167).

QUIUMBA — 1. Obsessor, entidade involuída que não quer o bem-estar de determinada pessoa (PINTO, 1950, p.50).

QUIZILA — 1. Tabu. 2. Repugnância; antipatia; inimizade ou desinteligência (BARROSO, 1948). 3. "É a antipatia supersticiosa que os africanos nutrem por certos alimentos e determinadas ações". 4. São proibições ritualísticas de nosso inquice que acarretam repulsas dos mesmos quando forçadas, provocando, por exemplo, dor de cabeça, erupções na pele, maluquices, doenças de um modo geral (PINTO, 1950, p.25).

QUIZOMBA — 1. Samba. (PINTO, 1976, p.67). 2. Dança dos negros angolanos (BARROSO, 1948, p.1021).

R

REBATE — 1. Toque para chamada de inquice. (CEAO, 1981, p.37).

REBOLO — 1. Pedra redonda e própria para amolar. (BARROSO, 1948). 2. Toque de tambor efetuado por negros de origem Rebolo (PINTO, 1950, p.80).

RODIALONGA — É um inquice pertencente à nação banto que corresponde ao orixá Nanã dos nagôs.

ROXIMUCÚMBI — 1. Nome do inquice ou bacuros Ogum na tradição banta.

RUCUMBO — 1. Instrumento dos angolas feito de um arco de madeira flexível, curvada por um fio grosso que se faz vibrar com uma varinha. (*Nossa nota*: seria o mesmo que berimbau.) Termo africano (MENDONÇA, 1973, p.168).

S

SACUÊ — 1. Galinha-de-angola. Parece termo africano. (MENDONÇA, 1973, p.168).

SAMBA — 1. Iniciadas. (CARNEIRO, 1961, p.167). 2. Dança dos negros. Talvez do termo quimbundo, *samba*. (MENDONÇA, 1973, p.168). 3. São as filhas-de-santo pertencentes ao culto Omolocô, que já aprenderam o pé de danças dos inquices. Essas dançarinas dos cultos emprestavam sua meiguice e faceirice, sambando nos antigos blocos carnavalescos com suas baianas: Tia Benedita da Linha das Almas, a velha Inhá, tia Ciata engrandeciam o carnaval com suas roupas típicas (PINTO, 1950, p.71). 2. O carnaval carioca muito deve aos filhos-de-santo. Dos terreiros, veio o ritmo do samba. Daquele povo do santé, surgiu também a primeira escola de samba no Rio de Janeiro, onde brilhou o grande tocador de cuíca Oliveira, e que representou o nosso samba no exterior (PINTO, 1950, p.73).

SAMBANGA — 1. Indivíduo que aparece em uma festa sem ser convidado. Parece termo africano mencionado em Minas Gerais. (MENDONÇA, 1973, p.169).

SANSA — 1. Instrumento musical africano trazido para o Brasil pelos negros *Becuanas*.

SANTÉ — 1. É o culto da Linha das Almas (PINTO, 1950, p.79). 2. No culto do santé ou linha das Almas, tudo é tata, quer dizer, maior. Não se conhece inquices e, sim, tatas, ou espíritos desencarnados, porém, evoluídos. O espírito de qualquer quimbandeiro ou babalaô pode vir na Linha das Almas, mas cada um representando o seu culto.

Antigamente, quando morria um ganga, chefe de terreiro na Linha das Almas, faziam oferenda de mingau de fubá de arroz sem sal; comiam um pouco de mingau, sentados em volta, de branco, com velas acesas; depois, despachavam a comida predileta do falecido e a sua roupa em um campo. Cada um chegava nos cantos da casa e gritava pelo nome do falecido, dizendo que os seus pertences iam para o campo e que ele acompanhasse a comida e o mingau que pertenciam à sua alma. Ao voltarem do campo, cada um bebia um pouco d'água e jogava o resto para trás. Serviam uma garrafa de vinho verde (Sangue de Cristo) e a comida predileta do falecido em intenção à salvação de sua alma. Hoje, esse costume, que veio do Congo, está desaparecendo no Rio de Janeiro. (PINTO, 1950, pp.87-88). 3. Tia Benedita pertencia ao culto da Linha das Almas; seu terreiro era no Rio Comprido (PINTO, 1950, pp.87-88).

SARÁ — 1. Missa dos malês. Termo dos negros muçulmanos, usado na Bahia. (MENDONÇA, 1973, p.169).

SARAVÁ — 1. Expressão usada para saudar o pessoal que freqüenta sessões relacionadas com a cultura banto. 2. Cumprimento. 3. Canto existente no culto Omolocô:
"Saravá umbanda/a gente saravá quando chega no reino/saravá umbanda/a gente saravá por pequeno que seja."

SATÓ — 1. Guarda. (CEAO, 1981, p.81).

SENZALA — 1. (Bras.) Grupo de casas ou alojamentos destinados aos escravos (BARROSO, 1948). 2. Alojamento dos negros nas fazendas. Do quimbundo *sanzala*, povoação. (MENDONÇA, 1973, p.169).

SHEPEMBEDZA — É o nome de uma árvore, da cultura *Ashanti*; seu florescimento sempre surge à beira do rio, onde mora a serpente Piton (PINTO, 1976, p.90).

SIGUM — 1. Ritual fúnebre (CEAO, 1981, p.81). 2. Não deve ser feito por mulher, e o cambondo deve ser confirmado (CEAO, 1981, p.43).

SOBA — 1. Rei. (MENDONÇA, 1973, p.104). 2. Régulo africano. Do quimbundo *Soba*, régulo. (MENDONÇA, 1973, p.170).

SUMBO — 1. Inquice pertencente à Nação Angola identificado com Ogum dos nagôs. (CARNEIRO, 1961, p.87).

SUNA — 1. Nome.

SUNGAR — 1. Puxar para cima. Do quimbundo *sunga*, puxar. (MENDONÇA, 1973, p.170).

T

TAMINA — 1. Ração de comida servida aos escravos em uma tigela. Do quimbundo *tamina*, tigela (MENDONÇA, 1973, p.170).

TANGA — 1. Pano que encobre as partes genitais. Do quimbundo *Ntanga*, pano, capa. (MENDONÇA, 1973, p.170).

TARAMÉSSO — Mesa. (CARNEIRO, 1961, p.152).

TARIMBA — 1. Estrado em que dormem os soldados. Carlos Pereira considera termo africano (MENDONÇA, 1973, p.171).

TATA — 1. Pai.

TATA ANONOXÁ — 1. Título conferido ao jornalista Orlando Tempone pelo *tata-de-inquice* Tancredo da Silva Pinto, da Tenda Três Reis de Umbanda.

TATA CAMBONO — Pai cambono, tocador de atabaque.

TATA NÊ — 1. Trata-se de um sacerdote especializado como mestre-de-cerimônias. A ele cumpre buscar dentro da camarinha a pessoa que está sendo iniciada e apresentar o barracão. Dentro da cabala o *tata Nê* representa o oitavo número ou pessoa, correspondendo à terra onde tudo se dá. Ele tem como função ritualística anunciar aos presentes, no dia da saída do iniciante, a suna ou dijina do inquice ao público presente (PINTO, 1950, p.18).

TATA QUINSABA — 1. Encarregado da colheita das folhas sagradas (CEAO, 1981, p.81).

TATA QUIVONDA — 1. Encarregado de sacrificar os animais sagrados (CEAO, 1981, p.81).

TATA-DE-INQUICE — 1. Zelador-de-santo. O mesmo que *tata-inquiciane*. (CEAO, 1981, pp.37-81). 2. É um sacerdote como pai que inicia a pessoa dentro das forças encantadas, no culto de Angola. O *mameto-de-inquice* é a mulher que inicia a pessoa (PINTO, 1950, p.25).

TATA ZAMBURA — 1. Jogador de búzios equiparado ao *oluô* dos nagôs. A ele compete, dentro do culto *Omolocô*, verificar o grau de mediunidade dos *cassuêtos*, interpretando a fala dos *inquices*. No *Omolocô*, existe um *tata* para cada finalidade (PINTO, 1950, p.20).

TATANGUÊ — 1. Nome de um pássaro. Termo africano. (MENDONÇA, 1973, p.171).

TATETO DE INQUICE — 1. Zelador-de-santo.

TAUAMIN — inquice ou bacuro identificado com o Oxóssi dos nagôs (CARNEIRO, 1961, p.87).

TECEBÁ — 1. Rosário dos malês (muçurumim), de meio metro de comprimento, noventa e nove contas de madeira, terminado numa bola em vez de cruz. Termo usado pelos negros. (MENDONÇA, 1973, p.171).

TEMPO — 1. inquice relacionado com orixá Iroco dos nagôs. (PINTO, 1976, p.116). 2. Também conhecido com os nomes de Cuquete, Diambanganga e Luindimbanda (PINTO, 1976, 12).

TOQUE DE CONGO — 1. Tipo de toque no Angola. (CEAO, 1981, p.81).

TORORÓ — 1. Rio de Janeiro, gíria, conversa fiada (BARROSO, 1948).

TUIA — 1. Pólvora usada em trabalho espiritual, especificamente para *Aluvaiá*. Também conhecida como *Fundanga*.

TUMBA — 1. Morte de um homem. 2. *Tumba Cambundo*. 3. *Soba de Mukanda*.

TUTU — 1. Fantasma com que se faz medo às crianças; "papão"; indivíduo valentão; comida preparada com feijão-preto e farinha de mandioca. Termo quimbundo:

kitutu, papão (MENDONÇA, 1973, p.171).

U

UAIA — 1. Toalha branca usada para jogo de búzios.

UMBANDA — Segundo Heli Chatelain, a palavra Umbanda tem diversas acepções correlatas na África: "[1] A faculdade, ciência, arte, profissão, negócio: a) de curar com medicina natural (remédios) ou sobrenatural (encantos); b) de adivinhar o desconhecido pela consulta à sombra dos mortos ou dos gênios e demônios, espíritos que não são humanos nem divinos; c) de induzir esses espíritos humanos e não humanos a influenciar os homens e a natureza para o bem ou para o mal. [2] As forças em operação na cura, na adivinhação e para influenciar espíritos. [3] Os objetos (encantos) que, supõe-se, estabelecem e determinam a conexão entre os espíritos e o mundo físico." (CARNEIRO, 1961, p.169).

UMBANDA GIRA — 1. Saudação entre iniciados dos cultos de Angola. Significa: Dá licença; licença (CEAO, 1981, p.82).

UMPANZO — 1. Árvore sagrada no terreiro de Bernardino Bate-Folha para deixar as oferendas sempre com um pano branco ou vermelho amarrado, com um laço, no tronco, e restos de velas acesas pelos devotos. (CARNEIRO, 1961, pp.45-46). 2. Espíritos inferiores que habitam as árvores. (CARNEIRO, 1961, p.88).

UMBUÁ — 1. Cachorro (CEAO, 1981, p.85).

UNZÓ — 1. terreiro (CEAO, 1981, p.85).

URUCUNGO — 1. Instrumento musical que consta de um arco de madeira preso nas extremidades por dois ou mais fios paralelos. No centro do arco, internamente, adapta-se uma cuia que age como ressoador. Termo quimbundo (MENDONÇA, 1973, p.173).

URUPEMBA ou URUPEMA — 1. Espécie de peneira de fibra vegetal para uso culinário (bras. Norte), (BARROSO, 1948). 2. Peneira fina usada no candomblé de angola para várias finalidades: jogo de búzios; na cozinha etc.

USANGA — 1. Uma miçanga; mais de uma miçanga é *Masanga*.

V

VALONGO — 1. Maior mercado de escravos de todo o Brasil, tem um jeito de *Luanda*, de acordo com Rocha Pombo, em *História do Brasil*, p. 530 (MENDONÇA, 1973, p.40).

VATAPÁ — 1. "Espécie de purê ou quase pasta, preparada com o pó de arroz ou outra farinha, a que incorporam camarão pisado, ou galinha, carne ou peixe, tudo banhado em alta dose de azeite-de-dendê e fortemente apimentado" (MENDONÇA, 1973, p.173). 2. Iguaria oferecida ao inquice *Roxe Mucosse* dos bantos, segundo uma filha-de-santo de Joãozinho da Goméa.

VUMBE — 1. Alma dos mortos (CEAO, 1981, p.82); (CARNEIRO, 1961, p.88). 2. Cerimônia de encomendar da alma de uma pessoa falecida, a fim de não ficar perturbando ninguém (PINTO, 1950, p.24).

VUNJE — 1. Inquice também conhecido como *Babaça*, relacionado com *Ibeji* dos nagôs (CEAO, 1981, p.83).

X

XACÔCO — 1. Sinônimo de *Cassanje*. Do quimbundo *xakôco*, linguareiro (MENDONÇA, 1973, p.174).

XAGERAM — 1. Significa jejum. No culto Omolocô, de acordo com a cabala de Cristo, é, a exemplo da religião católica, desenvolvida da maneira seguinte:
7 semanas x 7 dias = 49 dias =
4 + 9 = 13 =
1 + 3 = 4
4 = Terra (número representativo do Ciclo Terrestre da Circunferência = 360° ÷ 3 = 6 = 9 = Mundo). (PINTO, 1950).

XAXÁ — 1. Governador, representante do soba em uma feitoria da Costa da África. Termo africano. "O mulato fluminense, Félix Souza, o primeiro Xaxá de Ajuda, foi declarado, oficialmente pelo rei Guesô, o primeiro dos brancos" (MENDONÇA, 1973, p.174).

XENDENGUE — 1. Magro, franzino. Termo quimbundo: *ndenge*, pequeno, diminuto (MENDONÇA, 1973, p.174).

XIBA — 1. Dança, samba. Termo africano (MENDONÇA, 1973, p.175).

XICAMÃ — Sentar, esperar. (CEAO, 1981, p.82).

XICARANGOMO — 1. Cambono encarregado dos cânticos de Angola e Congo, o mesmo que Alabê (CEAO, 1981).

XINGAR — 1. Injuriar, ofender. Do quimbundo *xinga*, injuriar. (MENDONÇA, 1973, p.175).

XOXÔ — 1. Sangue. Nome usado quando da matança para inquice Aluvaiá.

Z

ZABUMBA — 1. Bombo. Parece termo de origem conguesa, *bumba*, bater (MENDONÇA, 1973, p.175).

ZACAÍ — 1. Árvore sagrada existente no terreiro de Bernardino Bate-Folha para se deixarem as oferendas sempre com um pano branco ou vermelho amarrado, com um laço, no tronco, e restos de velas ali acesas pelos devotos (CARNEIRO, 1961, p.46). 2. Espíritos inferiores que habitam as árvores (CARNEIRO, 1961, p.88).

ZAMBÊ — 1. Nome dado nos estados do Norte ao *Ingome* pequeno. Termo quimbundo (MENDONÇA, 1973, p.175).

ZÂMBI ou ZAMBIAPONGO ou ZAMBIAMPUNGO — 1. Divindade principal do culto banto (BARROSO, 1948). 2. Do quimbundo *Zâmbi*, Deus (MENDONÇA, 1973, p.175).

ZAMBIRA IAPONGA — Feminino de *Zambi*, ou seja, sua esposa (PINTO, 1976, p.202).

ZAMBÔ — 1. O que é filho de negro e índio. Tem a pele escura e os cabelos lisos. Também se diz cafuzo. Termo africano. (MENDONÇA, 1973, p.175).

ZARATEMPO — Exclamação com que se reverencia o Deus Tempo nos candomblés de Angola (CARNEIRO, 1961, p.191).

ZEBRA — 1.Equídeo africano. Termo conguês segundo Larousse (MENDONÇA, 1973, p.176).

ZIMBE — 1. Dinheiro (CEAO, 1981, p.82).

ZIMBO — 1. Dinheiro. Do quimbundo *Njimbu*, búzios (MENDONÇA, 1973, p.142).

ZORÔ — 1. Iguaria feita de camarões e quiabos. Pertence à culinária africana (MENDONÇA, 1973, p.176).

ZUMBARANDAN — Bacuro pertencente à cultura banto e que corresponde ao orixá *Nanã* dos nagôs.

ZUMBI — 1. S.M. (Bras.). Ente fantástico que, consoante a crença afro-brasileira, vagueia pelas casas altas horas da noite. O indivíduo que só sai depois que anoitece. Lugar ermo do sertão (AURÉLIO, 1986). 2. Existem dois poderes supremos: Um do bem e outro do mal. O positivo pertence a Zâmbi e o negativo, a Zumbi (PINTO, 1976, p.235). 3. Do quimbundo *Nzumbi* (MENDONÇA, 1973, p.175). 4. Na saga pela libertação, Zumbi estabeleceu a República do Quilombo dos Palmares, a mais bem-sucedida aventura libertária do povo negro. Palmares resistiu quase 70 anos às expedições enviadas pelas autoridades governamentais. Chegou a abrigar em torno de 20 mil escravos foragidos. Foi destruído em 1693 por um exército de mais de 6.000 soldados mercenários, e assim mesmo porque, após um mês de cerco, a munição e os víveres acabaram. Zumbi conseguiu escapar. Dois anos mais tarde foi capturado e morto. Partes do seu corpo foram expostas num poste, em praça pública, no Recife, como lição para quem tentasse fugir ou resistir à escravidão. Mas, para os negros, Zumbi não morreu (CNBB, 1988, p. 27).

ZIMBO — V. Nzimbu.

ZUNGU — 1. Briga entre os negros. Do quimbundo *Nzangu*, rixa. (MENDONÇA, 1973, p.175).

• • •

Bibliografia

BARBOSA, Adriano C. *Língua quioca*, Lisboa–Portugal, 1953 (BARBOSA, 1953).

BARROSO, G. *Dicionário brasileiro da língua brasileira*, Brasília–DF: MEC/INL, 1948 (BARROSO, 1948).

BRAGA, Lourenço. *Umbanda e quimbanda*. Rio de Janeiro, 1951 (BRAGA, 1951).

BRÁSIO, Antonio. *História do Reino do Congo*. Lisboa–Portugal. (BRÁSIO, s/a).

BUARQUE DE HOLANDA, Aurélio. *Novo dicionário da língua portuguesa*, 1ª e 14ª ed. Rio de Janeiro: Nova Fronteira, 1986 (AURÉLIO, 1986).

CARNEIRO, Edison. *Candomblé da Bahia*. Rio de Janeiro: Tecnoprint, Edições de Ouro, 1961. (CARNEIRO, 1961).

CENTRO DE ESTUDOS AFRO-ORIENTAIS – UFB. *Anais do Encontro de Nações-de-Candomblé*, Salvador–BA: CEAO/Ianamá (CEAO, 1981).

CNBB – CONFERÊNCIA NACIONAL DOS BISPOS DO BRASIL. *Ouvi o clamor deste povo* – Texto-Base. Brasília-DF, Campanha da Fraternidade, 1988. (CNBB, 1988).

MENDONÇA, Renato. *A influência africana no português do Brasil* – 4ª ed. – Rio de Janeiro: MEC/Civilização Brasileira, 1973 (MENDONÇA, 1973).

PINTO, Tancredo da Silva & SOUZA, Gerso Ignez. *Negro e branco na cultura religiosa afro-brasileira – Os Egbas*. Rio de Janeiro: Espiritualista, 1976 (PINTO, 1976).

PINTO, Tancredo da Silva. *A origem da umbanda*. Rio de Janeiro: Espiritualista, 1950 (PINTO, 1950).

REDINHA, José. Prática, *Ritos quiocos da Lunda*. Lisboa-Portugal (REDINHA, s/a).

REVISTA *MIRONGA*. Rio de Janeiro: Comércio de Livros, ano X, jan/fev, 1978.

REVISTA *VEJA*. São Paulo: Abril, edição 1.161, nº 50, ano 23, 1990 (*Veja*, 1990).

SILVA, Marília T. Barbosa e OLIVEIRA FILHO, Arthur L. de. *Cartola – Os tempos idos*. Rio de Janeiro: MEC/Setor Cultural, 1983 (SILVA, 1983-M).

SILVA, Ornato José da. *Culto omolokô – Os filhos de terreiro*. Rio de Janeiro: Edição Independente, 1983 (SILVA, 1983).

Impressão e Acabamento
Oesp Gráfica S.A. (Com Filmes Fornecidos Pelo Editor)
Depto. Comercial: Alameda Araguaia, 1.901 - Barueri - Tamboré
Tel. 7295 - 1805   Fax: 7295 - 1384